매일기도서

지은이 스티브 하퍼 Steve Harper

미국 애즈베리 신학대학원 교수이자 부총장을 지냈고,
UMC Upper Room 출판사 오솔길 사역(Pathways Initiatives)의 책임자로 일한 바 있다.
현재는 웨슬리와 영성형성 학회(Spiritual Formation and Wesley Studies)의 명예교수다.

매일기도서

kmc

저자 서문

홀로 하나님과 함께하는 시간을 대체할 수 있는 것은 어디에도 없다. 우리는 그 시간을 성무일과[1](聖務日課, daily office), 침묵의 시간, 기도 봉헌 등의 이름으로 부른다. 그것을 무엇이라 부르던 관계없이, 하나님과 함께하는 일은 모든 것의 근원이다. 이 근원에서부터 다른 모든 것이 솟아나와 그리스도인의 거룩한 삶을 적신다. 그리스도교 영성의 역사를 통해 보자면, 여러 기도 지침서들이 만들어져 제자들의 영성 형성에 도움을 주었다. 지금 펴내는 이 기도서의 목적과 내용 역시 앞선 기도 지침서들과 맥을 같이한다.

이 시대에, 우리는 전 지구적인 차원에서의 영성 운동이 출현하고 있음을 목도하고 있다. 더불어 다양한 영적 수련 방법들을 보존하고 은총의 수단들을 훈련하려는 새로운 시도를 보게 된다. 신앙생활을 유지하기 위해, 예전(禮典)을 따라 살고 기도문들을 지니고 사용하는 것이 그 어느 때보다 필수적이다. 이 책은, 당신의 삶을 표준적인 영성 형성 원리들의 토대 위에 세우도록 돕는다. 오늘날의 그리스도인들은 갱신된 기도 생활을 통해 이 원리들을 훈련하고 있다.

내가 기도를 돕기 위한 이 휴대용 안내서를 만들 영감을 얻은 것은, 이전에 랄프 쿠쉬만(Ralph S. Cushmann)이 엮은, 이와 비슷한 책을 사용해본 경험에서 비롯되었다. 그 책(휴대용 기도서, A Pocket Prayer Book)은 고전적인 저작이면서, 나의 영성을 형성하는 데 귀중한 자산이 되었다.

바라기는, 하나님께서 쿠쉬만의 저작을 통해 이루신 목적을, 이 책을 통해서도 이루시기를 기도한다. 그 목적이란, 인간의 영혼 속에 있는 하나님의 생명을 북돋우고, 기도와 헌신의 거룩한 습관들을 지속하게 하는 것이다. 끝으로 나는, 랄프 쿠쉬만이 자신의 작은 책 도입부에 쓴 기도를 소개하고자 한다.

> 우리로 하여금 불타오르게 하소서, 주님.
> 기도하오니, 우리를 흔들어 깨우소서!
> 사라져 가는 세계 속에서 하루하루
> 방향 없이, 열정이 사라진 채
> 우리는 우리의 길을 갑니다.
> 우리로 하여금 불타오르게 하소서, 주님.
> 기도하오니, 우리를 흔들어 깨우소서!

스티브 하퍼(Steve Harper)

시편·찬송·기도·낭독(초기 교부들의 글과 그 밖의 여러 글을 읽음)으로 구성되며, 하루에 여러 번 되풀이하는데, 그 목적은 그리스도교 공동체의 생활을 거룩하게 하려는 데 있다.

발간사

한국 교회만큼 기도를 열심히 하는 교회는 세계적으로 드물다. 통성기도로 대표되는 한국 교회의 특별한 기도 방법이 세계 교회들의 관심을 끌기도 했다. 그러나 지금 그 에너지는 많이 수그러들었다.

전 세계는 영성의 시대에 돌입하고 있다. 종교인이 아닌 사람들조차 영성의 길을 진지하게 찾고 있다. 교회 내에서도, 현재 우리의 영적 생활이 타당하고 유익한 것인지를 묻는 세대가 등장하였다.

그리스도교는 이천 년이 넘는 역사를 통해, 하나님과 더불어 사는 영적 수행의 전통들을 계발하고 계승해왔다. 어느 종교 못지않은, 깊은 묵상과 침묵, 영적 가르침과 찬송의 보고를 간직하고 있으며, 이런 전통은 지극히 그리스도교적이다. 영성의 고민을 안고 있는 이 시대에, 그리스도교적 기도전통을 되살리는 것이 답변이 될 수 있다. 다만 이런 영성의 자산들이 오늘날의 한국 개신교회에서 소홀히 여겨져 왔다는 점이 안타깝다.

다행히, 한국 감리교회가 첫 번째 기도서를 내면서, 이러한 그리스도교의 훌륭한 기도 유산들을 소개할 수 있게 되어 기쁘다. 비록 번역하는 수준에서 출발하였지만, 이를 번역하고 출판하는 과정을 통해 우리가 발견하고 수확한 바가 크다. 머지않은 날에, 우리 손으로 만든 기도서를 사용하게 될 것이다.
이 기도서를 가지고 기도하는 이들의 영적 삶이 깊고 풍성해지길 바란다.

기독교대한감리회 신앙과직제위원회

위원장 신 문 구

차 례

➜ 저자 서문 • 4
➜ 발간사 • 6

1
기도서 사용을 위한 안내
거룩한 시간 12 | 생활의 규율 14 | 렉시오 디비나 18
기도 안에서 성장하기 23

2
잠에서 깰 때 · 아침 · 정오 · 저녁 · 취침 기도문
잠에서 깰 때의 기도 26 | 아침 기도 30 | 정오 기도 36
저녁 기도 40 | 취침 기도 44

3
오늘의 찬송 · 성인들의 가르침 · 기도문
첫 번째 주 51 | 두 번째 주 73 | 세 번째 주 97 | 네 번째 주 118

➜ 기도서 찬송 • 145

1

기도서 사용을 위한 **안내**

거룩한 시간

하나님이 각자에게 주신 양적 시간은 누구에게나 같다. 하지만 시간이라는 선물을 어떻게 이해하고 사용하느냐에 따라 시간의 질은 달라진다. 그런 면에서 시간을 체계적으로 관리하고 잘 운영해야 한다는 말은 옳다. 그러나 더 나아가, 시간은 거룩해져야 한다. 영성 형성(spiritual formation)은 시간 속에서의 활동들을 온전하게 하여, 시간이 거룩해지도록 이끌어 간다. 거룩한 시간은 마음의 일과 몸의 행동을 위한 공간을 마련해 준다. 구약 시대로부터 지금까지 문서 자료들이 전하는 바에 따르면, 신앙의 사람들은 개인적 혹은 공동체적 예배라는 특별한 순간들을 통해서, 자신들의 나날을 정돈하고 그들의 시간에 새로움을 부여했다. 거룩한 시간을 위한 구체적 방법과 실천방식은 매우 다양하다. 하지만 영적 삶을 살았던 이들의 공통된 가르침은, 정해진 규칙을 따라 기도하는 일이야말로 그날 하루를 영적으로 온전하게 사는 데 필수가 된다는 것이다. 이 기도서는, 역사적으로 전해진 기도전통들 중, 하루에 다섯 차례 기도하는 방식을 채택한다. 그렇지만, 다섯 번이라는 방식은 형편에 따라 수정되거나 보충될 여지가 있다.

그리스도교 영성 역사를 통틀어 볼 때, 찬송의 중요성은 예외 없이 두드러진다. 시편은 이스라엘의 찬송가로서 역할을 해왔다. 초기 그리스도인들이 그랬던 것처럼(엡 5:19), 예수님과 그의 제자들도 찬송을 불렀다(마 26:30). 존 웨슬리가 "찬송들과 다른 기도문들"(Hymns and Other Prayers)이라고 명명한 찬송모음집은 영적 생활에 항상 중요한 것으로 간주되어 왔다. 매일의 기도 일과에는 시편으로 기도하고 노래하는 순서가 포함된다. 이 모든 것의 목표는 "쉬지 않고 기도하기"(살전 5:17) 위함이다. 우리를 향한 하나님의 뜻은, 기도 시간을 가지라는 것이 아니라, 기도의 삶을 살라는 것이다. 어떤 구체적인 시간에 기도를 드림으로써, 모든 시간이 하나님의 시간이요, 매 순간은 하나님의 순간이라는 더 큰 깨달음에 도달한다. 우리가 살아 있는 신앙을 경험하게 되는 것은 바로 그때이며, 마음과 삶이 거룩해지는 순간이다.

매일 말씀을 읽고 기도하십시오.
이는 당신의 인생을 위한 것입니다.
당신의 하루하루가
공허해지지 않기 위해선 그 길밖에 없습니다.
– 존 웨슬리

생활의 규율 規律

그리스도교 영성의 역사를 통해 알게 되는 사실은, 무턱대고 노력하거나 무작정 시도하는 방식으로는 그리스도를 닮아갈 수 없다는 점이다. 수세기에 걸쳐, 영성가들은 자신들에게 적합하고 길잡이가 될 만하며, 영적 성숙에 도움이 되는 영적 생활의 규칙들을 개발해왔다. 그러한 규칙을 가리키는 용어가 '생활의 규율'(A Rule of Life)이다.

'규율'이라는 말은, 지키지 못할 시에 처벌이 주어지는 법률적 의미가 아니라, 원하는 목표를 향해 다가서도록 맞추어 살아가는 생활을 뜻한다. 그 목표들 중 일부는, 영적 훈련의 실천이나 은총의 수단처럼, 지속적인 성격을 지닌다. 반면에 어떤 목표들은 제한된 시간 동안만 유효하다. 하루, 일주일, 한 달, 3개월, 6개월 등의 시간 단위로 새로운 목표가 부여될 수 있다. 또한 목표들은 삶의 모든 측면과 관계한다(개인, 부부, 가족, 친구, 노동, 놀이, 음식, 운동, 수면, 휴식 등). 그리고 목표들은 내면적으로 우리 모습을 형성하고, 외면적으로 동기를 부여하며, 집단적으로 우리와 관계를 맺을 수 있다.

생활의 규율은, 개인을 각각의 특성에 따라 성장시켜 가는 안내

자 노릇을 맡는다. 그 과정에서 오랜 시간 동안 형성된 고전적 수행들은, 인생 여정의 특정한 시기에 요구되는 필요들 혹은 삶의 목적들과 연결된다. 당신 스스로에게 적합한 생활의 규율을 만들고 수정해가는 과정 가운데, 기도에 대한 이 안내서가 소용되기를 바란다. 하나님께 드리는 삶이라는 전체 맥락에서 볼 때, 매일기도는 그 삶의 한 부분을 형성한다.

매일, 주, 월, 분기 등의 시간 분류는, 당신이 단순한 생활의 규율을 세우는 데 도움을 줄 것이다. 차후 세 달을 한 시간 단위로 정하고, 매일에 따른, 주에 따른, 월에 따른 목표와 합당한 행동들을 어떻게 계발할지 생각해 보자.

매일
주
월
분기

그리스도인의 거룩한 습관

『휴대용 기도서』(A Pocket Prayer Book)에서, 랄프 쿠쉬만(Ralph S. Cushmann)은 특별한 생활의 규율을 밝혔다. 그가 말하는 규율은, 우리가 바라는 요소들을 다 담을 만큼 폭넓지는 않지만,

본보기로 삼을 만한 고전적 아름다움을 지니고 있다. 그것들은 아래와 같이 요약된다.

나는 습관의 효력을 믿습니다.

습관이 우리를 세우기도 하고, 허물어뜨리기도 한다는 것을 믿습니다. 습관에 의해 우리의 삶은 천국이 되거나, 지옥이 되기도 한다는 것을 믿습니다. 그러므로 나는 거룩한 습관의 효력을 믿습니다.
실제로 나는, 네다섯 가지 습관을 바탕으로 하여 행복한 그리스도인의 삶을 사는 것이 가능하다고 확신합니다. 만일 누군가 내게 와서 "지금 그리고 이후로, 예수 그리스도와 즐거운 교제를 나누기 위해 무엇을 해야 할까요?"라고 묻는다면, 나는 이렇게 대답하겠습니다.

첫째. 매일 일정 시간을 구별하여, 성경을 읽고 기도하는 습관을 가지십시오. 이것이 당신의 최우선 일과가 되도록 하십시오.
둘째. 매주 당신의 시간 중 일정 부분을 떼어, 그리스도와 주님의 교회 이름으로 이웃에게 봉사하는 습관을 가지십시오.
셋째. 공중 예배에 참석하는 것을 당신 삶의 확고한 습관으로 만드십시오. 이를 위해, 당신은 사업상의 용무에 기꺼이 불참하는 희생을 감수하십시오.

넷째. 주의 성찬을 받을 기회가 있다면, 놓치지 않는 습관을 기르십시오. "나는 생명의 빵이다"라고 말씀하신 그리스도께서는 성찬을 통해 당신을 만나실 것입니다.

다섯째. 하나님나라의 사역을 위해, 당신의 수입에서 일정한 부분을 떼어놓는 거룩한 습관을 가지십시오. 그것이 재무 설계의 밑그림이 되도록 하십시오. 기도하면서 그것을 떼고, 하나님이 받으시도록 세심하게 사용하십시오. 적어도 "십일조 이상"으로 이 일을 시작하는 믿음을 지니십시오. 이 습관은 신뢰할 만한 온도계로서, 당신의 삶이 어떤 상태에 있는지를 보여 줄 것입니다.

사랑하는 벗들이여, 이것들이 내가 권유하는 거룩한 습관입니다. 여기에 다른 습관들도 차츰 더하여질 것입니다. 물론 이 모든 것의 배후에는 하나님을 향한 갈망이 있어야 합니다. 그렇지만 이런 습관들을 형성함으로써, 당신은 하나님이 당신의 인생을 축복하시려고 보내시는 도움을 힘입을 것입니다. 이를 통해, 하나님은 당신을 그리스도 교회의 신실한 청지기로 만드실 것입니다.

렉시오 디비나 Lectio Divina

종종 "거룩한 독서"로 일컬어지는 렉시오 디비나(Lectio Divina)는 기도의 한 방법이다. 기도 안에서 우리가 하나님의 부르심에 응답한다면, 거룩한 독서 안에서는 우리가 묵상하는 본문을 통해 말씀하시는 하나님께 응답한다. 적어도 주후 4세기부터 렉시오 수련이 시작되었으며, 정신·마음·감정·의지를 다스리는 은총의 수단으로 여겨져 왔다.

렉시오의 목적은, 부활하신 그리스도께서 우리 안에, 또한 우리가 그분 안에 거하게 됨으로써, 그리스도의 길을 따르려는 것이다. 이런 구성적(formative) 읽기를 통해 우리는, 우리를 살게 하고 마침내 타인들을 위해 우리의 삶을 내어주도록 이끄는, 한 마디 말씀을 주실 것을 하나님께 구한다.

렉시오 디비나의 각 부문에 대한 간략한 요약을 아래에 기술할 것이다. 각 부문들은 분리된 단계들이 아니라, 상호작용하는 역동적 관계로 연결된다. 그렇기에 우리 안에서 그리고 우리를 통해서, 기록된 말씀은 살아 있는 말씀이 된다.

기도　　　기도는 렉시오 디비나(거룩한 독서) 전체를 관통한다.

우리는 기도의 분위기 속에서 렉시오 디비나를 수행하며, 어느 단계에서는 특정한 것들과 관련해서 직접 기도하기도 한다. 먼저 기도로 렉시오 시간을 시작한다. 말씀을 읽을 때, 하나님께서 성령으로 우리에게 오셔서 감화시키고, 깨우치고, 인도해 주시길 간구하는 기도이다. 또한 읽어가던 중 특정한 단어와 구절들이 마음에 와 닿을 때, 읽기를 잠시 멈추고 기도를 바친다. 와 닿은 말씀이 우리 마음에 심겨 열매로 열리기를 하나님께 구하는 것이다. 읽기가 끝날 무렵에도 기도를 드린다. 말씀을 적용하는 은총을 주셔서, 우리가 말씀을 듣는 자에 그치지 않고 말씀을 행하는 자가 될 수 있기를 요청하는 기도이다.

독서 렉시오 디비나를 하는 목적은, 정보를 얻기 위해서가 아니라, 종국적으로 새로운 존재로 지음받기 위해서다.

이런 목적의 독서법이 보통 사람들에겐 낯설다. 사람들은 대개 사실을 파악하고, 시험을 치는 등의 목적을 위해 읽기를 연습하기 때문이다. 하지만 거룩한 독서는, 우리가 하나님께 가까이 다가가기 위한, 우리에게 다가오시는 하나님을 깨닫기 위한 독서이다.

우선, 마음을 가라앉히고 자신을 고요하게 하는 것으로 독서를 시작한다. 내면이 고요해지기까지 적잖은 시간이 걸리는 때도 있겠지만, 그렇다고 조급할 이유는 없다. 중요한 것은, 많은 분

량의 독서를 하는 것이 아니라, 정해진 과정을 밟아가는 것이기 때문이다. 읽을 본문의 양을 미리 정해놓지 않는다. 본문을 천천히 읽어가면서, 우리는 단어 및 구절들과 관계를 맺어간다. 성서를 체계적으로 고루 읽어가면서 본래의 흐름에 따라 본문과 만나면 되는 것이다.

순종하려는 의도를 가지고 읽어가는 동안, "우리가 살아낼 말씀을 주소서"라고 하나님께 간구한다. 억지로 혹은 무리하게 말씀을 내 자신과 연결시키려 애쓰지 말라. 하나님께서 우리에게 주시는 것이 무엇이든, 감사하는 마음으로 받아들이면 된다.

묵상 默想

묵상(Meditation)은, 독서에서 우리에게 주어진 "말씀"을 깊이 생각하고 받아들이며, 그 말씀의 주변을 거니는 것을 말한다.

이를 가리켜, 생 빅토르 위고(Hugh of Saint Victor)는 "마주한 진리의 핵심을 꿰뚫기"라고 표현했다. 때로는 주어진 말씀을 더 풍성히 이해하기 위해 부가 자료들을 이용할 수도 있다(성경용어 해설들, 다른 문헌들, 용어 색인, 사전, 찬송가, 시, 이야기, 과거 삶의 경험들). 묵상은 우리가 말씀을 자유롭게 탐구하는 작업인 동시에, 말씀이 우리를 면밀히 살피는 일이기도 하다. 독서자가 말씀을 지배하려고 하는 대신, 말씀이 독서자를 다스리게 되기를 기도해야 하는 이유가 여기에 있다.

묵상에서 경계해야 할 것은 분주함과 산만함이다. 우리는 지속적으로 하나님 안에서 안식하도록 부름을 받는데, 이 시간은 우리에게 주어진 말씀을 탐구하는 즐거움을 누림으로 안식한다. 묵상의 즐거움은 좋은 벗과의 대화에 흠뻑 빠져드는 즐거움과 같다. 에벌린 언더힐(Evelyn Underhill)은 이를 두고, "하나님의 현존 속에서의 사유"라고 말했다.

관상 觀想

관상(Contemplation)은 문자적으로 "관찰(templari)과 함께(con)"라는 의미이다. 독서를 통해 받고, 묵상을 통해 깊이 생각한 말씀들(문장, 구, 메시지)을 관찰하는 단계가 관상이다. 여기서 우리는 메시지와 "하나"가 되면서, 기록된 말씀이 우리 안에서 살아 있는 말씀이 되기를 하나님께 구한다.

앞에서 말했듯이, 우리의 목표는 점차 그리스도와 연합하는 것, 즉 그리스도의 정신, 마음, 사역에 감화되는 것이다. 그리스도에 의해, 그리스도와 더불어, 그리스도 안에, 그리스도를 위하여 사는 삶이 우리가 진실로 원하는 바다. 렉시오 디비나 속에서 관상은 역동성을 발휘하여, 우리는 그리스도 안에 거하고 그리스도가 우리 안에 거하시는 차원으로 이끈다. 거룩한 관계가 어떻게 형성되는지 완전히 설명할 수 없는 것처럼, 이 차원은 신비롭다. 우리가 하나님의 형상으로 지음을 받았다는 것은, 신비로운 관계를 맺을 가능성이 우리에게 존재한다는 뜻이다. 우리에게 주어진 말씀을 그날의 핵심으로 삼음으로써 우리와 하나님의 관계를 일구어가는 일, 그것이 관상이다.

행동　　본래는 행동(Act)이란 말이 관상과 분리되지 않았다. 그런데 근래 렉시오 디비나에서는 관상과 행동을 떼어 사용한다.
우리는 말씀을 믿을(believe) 뿐만 아니라 말씀을 행한다(behave)는 사실을 상기하기 위해서다. 우리가 진심으로 바라는 것은, 주어진 말씀이 우리 안에서 그리고 우리를 통해서 활발히 움직이는 것이다.
렉시오 디비나를 마치기 전에, "하나님, 나의 선함과 당신의 영광을 위해 이 말씀이 어떻게 실행되어야 할까요?"라고 간절히 여쭈어보라. 크고 거대한 무엇을 기대할 필요는 없다. 대개의 경우, 단순하고 실제적인 것에서 그 대답이 발견된다. 17세기 까르멜회 수도사였던 로렌스 형제(Brother Lawrence)가 일러준 바와 같이, "우리가 하나님을 위해 할 수 있는 일은 거의 없다." 행동 영역에서, 온종일 우리는 우리에게 주어진 말씀으로 돌아가 구체적인 방식으로 그 말씀이 이루어지길 구한다. 이것은 두 가지 큰 계명(하나님을 사랑하고, 우리 이웃을 우리 자신처럼 사랑하는 것)을 완성하는 일이기도 하다.

기도 안에서 성장하기

기도를 알려주는 안내자들은, 기도생활 가운데 성장하게 된다고 말한다. 우리의 여정에 "도달함"이란 없다. 우리는 언제나 지금 세워가는 중에 있다. 신비를 탐색하고 무한하신 분에게 접근할 때, 우리는 항상 초보자다. 은총에 의지하고 위의 것을 갈망하는 겸손은, 영적인 삶과 사랑(하나님과 이웃을 향한)의 표식이다. 그렇기에, 그리스도의 정신·마음·사역 속에서, 우리의 성장을 돕는 영적 자산들에 대해 늘 개방된 자세와 관심이 필요하다.

이 기도서가 제공하는 것들은, 우리의 영성을 형성하는 데 도움이 되는 자료들 중 극히 일부분일 뿐이다. 이 외에 더 많은 기도 전통들이, 신앙의 여정에 들어선 당신으로 하여금 한 걸음 더 앞으로 나가도록 도울 수 있다. 일부 자료들은 당신의 기도 생활을 직접 안내하기도 할 것이다. 이 기도서가, 그리스도교 영성 생활이라는 더 큰 맥락 속에서 기도를 조망하는 하나의 시각을 제공하기를 바란다.

2

잠에서 깰 때 · 아침
정오 · 저녁 · 취침 기도문

잠에서 깰 때의 기도

잠에서 깰 때의 기도는 그리스도인의 개인 예배에서 빠질 수 없는 부분이다. 우리의 최초 관심을 하나님을 향해 모은다는 점에서 그렇다. 잠에서 깨어난 우리는 살아갈 새 날을 주신 하나님께 감사를 드리고, 그날의 삶 가운데 성령께서 우리를 인도하시길 구한다. 그리고 하나님의 평화의 도구로 사용되도록, 우리 자신을 하나님께 맡긴다. 깨어날 때의 기도는 감사의 마음을 일으키고, 우리에게 필요한 다짐을 발견하게 한다.

이 장과 다음 장들에서 보게 될 기도문들에서, 일인칭 복수대명사(우리, 저희)가 쓰이는 데는 이유가 있다. 아마도, 대개의 독자들은 이 책을 개인 예배(기도)에서 사용하겠지만, 반드시 기억해야 할 것은, 우리 중 어느 누구도 결코 혼자 기도하지 않는다는 점이다. 우리는 언제나, 기도하고 있는 다른 모든 이들과 더불어, 공동체 가운데서 기도하기 때문이다. 이 중요한 사실을 깨닫는다면, 당신은 "나"라는 말을 "우리"라는 말로 바꾸는 것이 자연스럽다고 생각할 것이다. 이 기도서는 절대로 개인주의를 선호하거나 분파주의를 장려하지 않는다.

🍃 아침에 깨어남과 더불어 이렇게 말하십시오.

성부와 성자와 성령 하나님께 영광이 있기를! 아멘.
하나님, 내가 침상에서 일어나 주님의 거룩하신 이름에 경배합니다. 주님을 위하여 이날을 살고, 주님과 함께 하나님 나라를 힘써 세우며, 주님 안에 영원한 생명이 있음을 발견하게 하소서. 성부와 성자와 성령의 이름으로 기도합니다. 아멘.

🍃 새날, 당신의 뜻을 새롭게 하여 하나님을 예배하고 섬기십시오.

주 일 : 내 마음과 영혼과 정신과 힘을 다해 주님을 사랑하고자 나는 깨어납니다.

월요일 : 나는 이웃을 내 몸처럼 사랑하기로 다짐합니다.

화요일 : 나는 겸손히 당신과 함께 행하기를 원합니다.

수요일 : 내 자아를 부추겨, 주님에게서 나를 멀어지게 만드는 모든 것을 완전히 버리고자 하나이다.

목요일 : 오늘 하루 주님과 친밀하게 살아가기를 구합니다. 그리하여 주님의 영광이 나의 유일한 목표가 되고, 주님의 뜻이 오직 나의 바람이 되기를 원합니다.

금요일 : 내게로 오시어, 나의 모든 잘못을 드러내시고, 나의 죄악을 용서하소서.

토요일 : 내일 주님을 온전히 예배할 수 있도록 준비하는 날로 살게 하소서.

> 하나님의 임재를 구하고, 이날을 하나님을 위해 살고자 결심했다면, 이제 당신의 믿음을 확증하십시오.

나는 전능하신 아버지 하나님, 천지의 창조주를 믿습니다.
나는 그의 유일하신 아들,
우리 주 예수 그리스도를 믿습니다.
그는 성령으로 잉태되어 동정녀 마리아에게서 나시고,
본디오 빌라도에게 고난을 받아 십자가에 못 박혀 죽으시고,
장사된 지 사흘 만에 죽은 자 가운데서 다시 살아나셨으며,
하늘에 오르시어
전능하신 아버지 하나님 우편에 앉아 계시다가,
거기로부터 살아 있는 자와 죽은 자를 심판하러 오십니다.

나는 성령을 믿으며, 거룩한 공교회와 성도의 교제와
죄를 용서받는 것과 몸의 부활과 영생을 믿습니다. 아멘.

🍃 다음과 같이 기도함으로써 이 시간을 정리하십시오.

성령이여, 오소서. 모든 길에서 나의 인도자가 되시고 보호자가 되소서. 성령으로 나를 채우셔서, 성령의 열매를 맺게 하소서. 사랑과 기쁨과 평화와 인내와 친절과 선함과 신실과 온유와 절제를 이루게 하소서. 아멘.

아침 기도

아침 기도는 우리가 쉬고 있던 순간에도, 하나님은 일하고 계셨다는 사실을 인식하는 시간이다. 하나님은 졸지도, 주무시지도 않으시는 분이다. 아침 기도는, 한 날의 시작이 아니라, 한 날의 은총에 대한 최초의 응답이다. 이는 다음을 내다보는 예감의 행위이다. 하나님을 향하여 우리 자신을 새롭게 순응시키고, 우리의 신앙을 확인하며, 이 새로운 날 하나님을 위해 살고자 하는 우리의 태도를 갱신하는 행동인 것이다.

고대 전통에서나 현대 전통 모두에서, 아침 기도는 보통 공동의 예배로 드려진다. 가능하다면, 상황에 맞게 '우리' 라는 주어를 적용하여, 다른 이들과 함께 아침 기도를 드리길 권한다. 물론 당신 혼자서 하더라도 무방하다. 그렇더라도 다시 한 번 기억해야 할 것은, 당신은 결코 혼자 기도하는 것이 아니라는 사실이다. 당신이 기도할 때, 당신이 있는 바로 거기에 하나님이 계시며, 당신은 또한 세계 도처에서 기도하는 다른 사람들과 연결되어 있다.

🍃 준비가 되었다면, 당신이 늘 기도하던 자리를 찾아가십시오. 아침 기도에 어울리는 다른 장소를 택해도 좋습니다. 하나님과의 언약을 갱신할 곳이기 때문입니다.

주   일 : 주님, 아침에 드리는 나의 기도를 들어 주십시오. 아침에 내가 주님께 나의 사정을 아뢰고 주님의 뜻을 기다리겠습니다. (시 5:3)

월요일 : 주님, 나의 마음을 다 바쳐서, 감사를 드립니다. 주님의 놀라운 행적을 쉼 없이 전파하겠습니다. (시 9:1)

화요일 : 나더러 주님에 대해 말하라면 '하나님은 나의 주님, 주님을 떠나서는 내게 행복이 없다' 하겠습니다. (시 16:2)

수요일 : 나의 찬양을 받으실 주님, 내가 주님께 부르짖습니다. 주님께서 나를 원수들에게서 건져 주실 것입니다. (시 18:3)

목요일 : 하나님, 나는 내 마음을 정했습니다. 내 마음을 확실히 정했으니, 나는 가락에 맞추어 노래를 부르겠습니다. (시 57:7)

금요일 : 내 영혼이 잠잠히 하나님만을 기다림은 나의 구원이 그에게서만 나오기 때문입니다. (시 62:1)

토요일 : 하나님, 주님은 나의 하나님입니다. 내가 주님을 애타게 찾습니다. 물기 없는 땅, 메마르고 황폐한 땅에서 내 영혼이 주님을 찾기에 목이 마르고, 이 몸도 주님을 애타게 그리워합니다. (시 63:1)

초대

오 하나님, 우리를 도우러 오소서.
오 하나님, 어서 오셔서 우리를 구하소서.
오 하나님, 발길을 재촉하시어 우리를 도우소서.

태초부터, 이제와 영원히, 성부, 성자, 성령 하나님께 영광을 돌립니다. 아멘.

오늘의 찬송

한 달을 주기로 배열된 목록에 따라 그날의 찬송을 노래하십시오. (51~142쪽)

오늘의 시편

그리스도교 전통에 충실한 기도서들마다 시편들로 기도하는 방법을 제시합니다. 로마 가톨릭, 정교회, 개신교 모두 일정한 형식으로 매일 시편기도를 하는 전통을 가지고 있습니다. 경전의 구절로 기도할 때, 신앙의 옛 조상들과 이 시대의 순례자들은 하나가 됩니다. 시편서는, 온갖 종류의 감정을 표현하고 하나님의 본질을 충분히 경험하며 기도의 신학을 충실하게 훈련할 수 있도록 만들어 줍니다.

이 책에 실린 간단한 독서 일과표는, 일 년을 주기로 삼아 월별로 시편들을 배분합니다. 날짜에 따라 순서대로 하루에 한 장씩 읽어가면 됩니다. 이런 방식으로 독서하면, 당신은 한 해에 두 번 시편과 잠언을 완독하게 될 것입니다.

1월, 7월	시편 1~30
2월, 8월	시편 31~60
3월, 9월	시편 61~90
4월, 10월	시편 91~120
5월, 11월	시편 121~150
6월, 12월	잠언

아침 독서

매일 일과표를 따르거나, 당신이 정한 다른 독서 계획이 있다면 그것에 따라 독서하십시오.

묵상

침묵하면서, 당신이 읽은 내용을 되새기십시오. 그리고 더 깊이 생각해보기 원하거나, 오늘 푯대로 삼을 만한 낱말(혹은 개념)을 하나 선택하십시오.

오늘의 기도

제시된 기도문들 중 오늘에 해당하는 기도문으로 기도하십시오. (51~142쪽)

주의 기도(마 6:9~13)

하늘에 계신 우리 아버지,
아버지의 이름을 거룩하게 하시며
아버지의 나라가 오게 하시며,
아버지의 뜻이 하늘에서와 같이

땅에서도 이루어지게 하소서.
오늘 우리에게 일용할 양식을 주시고,
우리가 우리에게 잘못한 사람을 용서하여 준 것같이
우리 죄를 용서하여 주시고,
우리를 시험에 빠지지 않게 하시고
악에서 구하소서.
나라와 권능과 영광이
영원히 아버지의 것입니다. 아멘.

축복기도

소망을 주시는 하나님께서, 믿음 안에서, 모든 기쁨과 평화를 우리에게 채워 주셔서, 성령의 능력으로 말미암아 우리 안에 소망이 넘쳐나기를 빕니다. 아멘. (롬 15:13)

정오 기도

정오 기도는 우리의 구원을 위하여 그리스도께서 십자가에 달리셨던 시간과 연관된다. 어떤 기도 전통에서는, 오전 9시와 오후 3시에 기도를 추가함으로써 예수의 죽음을 한층 강조하기도 한다. 오전 9시와 오후 3시는, 십자가에 달리신 예수께서 말씀하시던 시간으로 간주된다.

한낮에 드리는 정오 기도는, 그리스도께서 이루신 구원에 감사하고, 남은 시간 동안 그 구원의 증인으로 살겠다는 목표를 갖게 한다. 정오 기도를 통해서, 아직 당도하지 않은 일들을 직면하는 데 필요한 은혜를 구할 뿐만 아니라, 아침나절에 이미 일어난 일들을 위하여 기도할 수도 있다. 초기 교회 전승에 따르면, 매 수요일과 금요일은 낮 시간에 금식하는 날로 정해졌다. 어떤 경우에서라도, 정오 기도는 하나님께서 우리에게 주신 삶을 거룩하게 만드는 기회가 될 수 있다.

🍃 점심식사를 위해 이동하기 전이나, 점심 금식을 하는 시간에 다음과 같이 기도합니다.

오 하나님, 나의 도움이 되소서.
오 하나님, 지체 없이 나를 구하소서.
오 하나님, 속히 나를 도우소서.

태초부터 이제와 영원히, 성부, 성자, 성령 하나님께 영광을 돌립니다, 아멘!

🍃 이어 아래의 기도문, 혹은 이와 같은 종류의 기도문으로 기도하십시오.

자비로우신 하나님, 이 시간에, 하나님의 아들은 나를 구속하시려고 십자가에서 고통을 당하셨습니다. 나는 그분이 주시는 구원의 은총을 새로이 간직하며, 이 구원의 증인으로서 내 자신을 바칩니다. 오늘 남은 시간, 주님의 자비로운 은총 안에서, 내 주변에 살아가는 모든 생명의 요구에 주의를 기울이게 하소서. 그럼으로써, 내 자신이 주님께 드려지는 산 제물로 변함없이 살아가도록 하소서. 주님이 원하시는 바를 내게 가르치시고, 주님의 뜻대로 나를 사용하소서. 이 외에 어떤 다른 소원도 내게 남지 않게 하소서. 아멘.

🍃 오늘 이 시간까지 생겨난 특별한 요청들이나, 오늘이 끝나기 전에 다가올 것으로 예상되는 일들을 위하여 기도하십시오.

🍃 주의 기도를 드리십시오.

하늘에 계신 우리 아버지,
아버지의 이름을 거룩하게 하시며
아버지의 나라가 오게 하시며,
아버지의 뜻이 하늘에서와 같이
땅에서도 이루어지게 하소서.
오늘 우리에게 일용할 양식을 주시고,
우리가 우리에게 잘못한 사람을 용서하여 준 것같이
우리 죄를 용서하여 주시고,
우리를 시험에 빠지지 않게 하시고
악에서 구하소서.
나라와 권능과 영광이
영원히 아버지의 것입니다. 아멘.

🍃 마지막으로 이렇게 기도하십시오.

나의 반석이시요 구원자이신 주님, 내 입의 말과 내 마음의 생각이, 언제나 주님의 마음에 들기를 원합니다. (시 19:14)

🌿 점심을 먹게 된다면, 식탁에 대하여 감사하십시오. 만약 금식 중이라면, 일상적으로 먹고 마시는 데 사용되는 시간이 하나님을 영화롭게 하고, 당신의 영혼을 성장시키는 시간이 되도록 구하십시오.

저녁 기도

기도의 생활은 돌아봄과 더불어 내다봄을 포함한다. 저녁 기도는 당신이 살아온 한 날을 돌이켜 보는 계기를 제공한다. 이를 통해, 당신이 잘한 것들에 대해서는 기뻐하고, 당신이 범한 잘못들을 회개하며, 더 나아가 묶인 것들을 풀 수 있게 된다. 이렇게 함으로써 하나님의 은총 가운데, 당신은 여전히 하나님의 사랑을 받는 자녀로 살아간다.

전통들이 전하는 바에 따르면, 저녁식사가 끝난 후 잠자리에 들기 두세 시간 전에 저녁 기도를 드린다. 상황에 따라서는 저녁 기도와 취침 기도를 합쳐야 하는 경우도 있다. 그런 경우에도, 당신은 이 기도서의 안내를 받아 기도를 드리면 된다. 매일의 상황이야 다르겠지만, 목표는 달라지지 않는다. 하나님이 당신과 함께하셨음을 기억하고, 하나님의 용서에 대한 확신을 받아들이며, 하나님의 평화 속에서 당신의 한 날을 마감하는 것으로 하루를 마무리하는 것, 그것이 저녁 기도를 드리는 이유다.

🪶 준비되었다면, 장소를 정하십시오. 당신이 늘 기도하던 자리도 좋고, 오늘의 기도에 적합한 다른 곳이어도 좋습니다. 그리고 다음과 같은 문구들로 하나님께 감사를 바치십시오.

주   일 : 주님의 날이 저물어가는 시간, 오 하나님 당신께 감사드립니다. 예배와 쉼을 통하여 안식을 얻었습니다.

월요일 : 수고의 날이 저무는 때에, 오 하나님 당신께 감사드립니다. 내가 주님을 영화롭게 할 수 있었던 것은, 주님이 내게 힘을 주셨기 때문입니다.

화요일 : 이날을 마감하며, 오 하나님 당신께 감사드립니다. 주님이 주신 것 모두가 내 삶을 비옥하게 만들었습니다.

수요일 : 한 날의 끝을 맞으며, 오 하나님 당신께 감사드립니다. 주님이 창조하신 것들로 말미암아 아름다움과 경이로움이 넘칩니다.

목요일 : 한 날의 빛이 소멸해가는 시간, 오 하나님 당신께 감사드립니다. 주님은 나의 빛이며 나의 구원이십니다.

금요일 : 일과가 끝나고 저녁의 고요가 밀려드는 시간, 오 하나

님 당신께 감사드립니다. 주님이 내 마음을 평화로 가득하게 하십니다.

토요일 : 석양이 지고, 주님의 날인 내일을 기다리면서, 오 하나님 당신께 감사드립니다. 주님을 온전히 예배하는 마음을 준비하게 하소서.

초대

오 하나님, 우리를 도우러 오소서.
오 하나님, 어서 오셔서 우리를 구하소서.
오 하나님, 발길을 재촉하시어 우리를 도우소서.

태초부터, 이제와 영원히, 성부, 성자, 성령 하나님께 영광을 돌립니다. 아멘.

오늘의 찬송

오늘의 찬송을 다시 부르십시오. (51~142쪽)

오늘의 시편

오늘의 시편으로 기도하십시오. 다른 번역본으로 읽어도 좋습니다. (33쪽)

저녁 독서

매일 일과표를 따르거나, 당신이 정한 또 다른 독서 계획대로 하십시오. 경우에 따라, 저녁 독서에는 성서 이외에 다른 책들을 읽어도 됩니다. 특별히, 기도생활을 위한 고전들을 권합니다. 이 책에서는, 독서를 위해 성인들의 가르침을 제시합니다. (51~142쪽)

저녁 회상

하루를 돌아보십시오. 하루를 충실하게 살도록 은혜를 주신 하나님께 감사를 드리십시오. 신실하지 못했던 순간들을 고백하고 용서를 구하십시오. 잘못을 바로잡고, 이후로 하나님의 사랑받는 자녀로 합당하게 살겠다고 다짐하십시오.

축복기도

모든 헤아림을 뛰어 넘는 하나님의 평화가, 그리스도 예수 안에서, 우리의 마음과 생각을 지켜 주실 것입니다. 아멘. (빌 4:7)

취침 기도

종도(終禱)라고도 하는 취침 기도를 드리는 것은 오늘을 하나님께 되돌려드리고, 우리가 자는 동안 하나님의 보호를 간구하기 위함이다. 문을 닫고, 우리 자신을 포함한 모든 것을 하나님 손에 맡긴다. 우리는 지난 시간으로 되돌아갈 수 없다. 다만, 오늘의 삶이 남겨준 깨달음과, 주님의 은총이 충만하다는 확신을 가지고 앞으로 나아갈 수 있을 따름이다. 하루를 마감하는 가장 좋은 길은, 하나님의 품 안에서 우리가 안전하다고 확신하는 것이다.

🍃 당신이 잠들기 전, 자리에 눕기 전이나 누운 상태에서, 하나님께 평화를 구하며 기도하십시오.

하나님, 나에게 평화로운 밤을 주셔서 이날을 온전히 마치게 하여 주소서. 아멘.

신뢰의 확신

하늘과 땅을 만드신 주님, 나의 도움은 주님의 이름에 있습니다.

의탁(依託)의 기도

오 하나님, 나의 영혼을 주님 손에 맡깁니다. 주님께서 내게 주신 이날은 이제 과거가 됩니다. 주님께서 내게 생명을 선물로 주시고, 오늘 나의 생각과 말과 행동을 통하여 주님을 영광스럽게 할 기회를 주셨으니 감사합니다. 오늘을 주님 손에 넘겨드립니다. 이 한 날의 성공과 실패를 받으셔서, 저를 위한, 그리고 저를 스쳤던 모든 이를 위한 사랑과 은총의 옷을 지어 주소서. 특별히 ㅇㅇㅇ를 위하여 기도합니다. 주님의 자비를 내려 주시되, ㅇㅇㅇ에게 더하여 주소서. 아멘.

축복기도

내가 편히 눕거나 잠드는 것은, 주님께서 나를 평안히 쉬게 하여 주시기 때문입니다. 아멘. (시 4:8)

3

오늘의 찬송 · 성인들의 가르침
기도문

우리는 노래하도록 지음을 받았다. 지난 삼천년 동안, 유대-그리스도교는 예배 가운데 하나님을 찬송하는 전통을 간직해왔다. 찬송을 통해, 우리는 하나님이 누구이시며, 우리는 누구인지에 대한 모든 차원을 표현한다. 찬송으로 표현하지 못할 진실이나 감정은 없다.

존 웨슬리가 사용했던 "찬송들과 다른 기도문들"(Hymns and Other Prayers)이라는 모음집을 보면, 노래가 기도의 한 형태라는 점을 분명히 알게 된다. 또한 짧은 송영 기도문인 "하나님을 찬양하라"(Te Decet Laus)의 노랫말은 이렇게 선언한다. "당신을 노래하는 것은 합당하고, 당신을 찬송하는 것은 마땅합니다."

여기에서는, 한 달을 주기로, 요일에 따라 찬송들과 기도문들을 함께 묶어 놓았다. 이 방식에 따라, 당신은 찬송과 기도를 함께 조합할 수 있다. 가능하다면 찬송가를 사용하고, 선택한 찬송의 모든 절을 노래하라. 찬송가를 구할 수 없다면, 여기서 제시한 곡들을 이용하면 된다. 할 수 있는 대로 큰 소리로 찬송하되, 그렇게 할 수 없는 장소에서는 마음으로 하나님을 찬양하라.

기도는 가장 중요한 영적 훈련이다. 존 웨슬리는 기도야말로 은총을 얻는 최고의 수단 중 하나이며, 기도의 결핍을 다른 수단으로 보완할 수는 없다고 말했다. 개인이나 공동체가 하나님과의 관계를 구축하고 깊이를 더해갈 수 있는 길이 있다면, 그것은 기도이다.

이 기도서는, 존 웨슬리와 초기 감리교도들이 기도문들을 만들 때 적용했던, 주별 양식을 채택하였다. 4주를 주기로 하여, 각 요일별로 부여되는 매일의 주제는 다음과 같다.

주　일	하나님 사랑
월요일	이웃 사랑
화요일	겸손
수요일	자기 부인
목요일	온유
금요일	그리스도의 수난
토요일	감사

매일 기도문들을 사용하다 보면, 여기저기서 괄호를 발견하게 될 것이다. 웨슬리는 이미 정해진 기도문에 즉흥적인 청원들을 첨가할 때, 괄호를 사용했다. 여러분도 주어진 기도문을 자기 자신에 맞추어 변화를 주려 할 때, "거룩한 여백"으로서 괄호를 사용하기를 바란다. 기억해야 할 것은, 여기에 기록된 기도문들은 읽기 위한 것이 아니라, 기도하기 위한 것이라는 점이다. 그렇기에 종이 위에 적힌 기도문이든, 생각에서 나온 말이든, 모든 기도는 마음에서 비롯되어야 한다.

각각의 날에 부여된 찬송과 기도문은 기도 일과에서 사용하기에 편리하도록 조합되었다.

그리고 성서와는 별개로, 성인들의 증언은 기도하는 사람의 삶에 지대한 가르침을 제공한다. 가공된 부분들을 벗겨놓고 보면, 이 성인들은 우리와 같은 방식으로 기도를 훈련하던 평범한 그리스도인들이었다. 주후 2세기에서 현재에 이르기까지, 기도에 헌신한 사람들은 뒤따르는 이들에게 영감과 지침을 남겼다. 그들이 남긴 어록들은 "기도를 배우는 학교"의 역할을 한다. 당신의 영적 수련이 한 걸음 더 깊어지기 위해서, 성인들의 가르침을 마주할 필요가 있다. 당신이 원하는 방식대로, 이 부분을 매일 기도에서 적절히 사용해볼 수 있다.

성인들의 가르침은, 마태복음 6:5~8에서 예수님이 말씀하신 기도에 관한 진술로 시작된다. 그런 다음, 주의 기도로 돌아간다. 주의 기도는 그 자체로 하나의 기도일 뿐만 아니라, 기도에 대한 모범적 유형을 보여 준다. 마지막 몇 날 동안엔, 그 외의 통찰력을 제공하는 다양한 가르침들을 살펴보게 된다. 이런 여정을 통해서, 우리는 "구름 같이 허다한 증인들"(히 12:1) 속으로 합류하게 된다. 또한 보이지 않는 교회를 통해 우리의 기도가 풍성해짐으로써, 우리는 그 교회의 일원이 될 것이다.

이 장에 있는 인용문들은 다락방(The Upper Room)[2]에서 발간한 『영적 고전 시리즈』(The Upper Room Spiritual Classics) 1~3권에서 온 것임을 밝힌다.

---

[2] 미국 연합감리교회 안에 있는 한 기구로서, 그리스도인들의 영적 훈련을 돕기 위한 조직.

첫 번째 주 : 주일

찬송(15장)
아침, 저녁

1. 하나님의 크신 사랑, 하늘에서 내리사,
   우리 맘에 항상 계셔, 온전하게 하소서.
   우리 주는 자비하사, 사랑 무한하시니,
   두려워서 떠는 자를, 구원하여 주소서.

2. 걱정 근심 많은 자를, 성령 감화하시며,
   복과 은혜 사랑 받아, 평안하게 하소서.
   첨과 끝이 되신 주님, 항상 인도하셔서,
   마귀 유혹 받는 것을, 속히 끊게 하소서.

3. 전능하신 아버지여, 주의 능력 주시고,
   우리 맘에 임하셔서, 떠나가지 마소서.
   주께 영광 항상 돌려, 천사처럼 섬기며,
   주의 사랑 영영토록, 찬송하게 하소서.

4. 우리들이 거듭나서, 흠이 없게 하시고,
   주의 크신 구원받아, 온전하게 하소서.
   영광에서 영광으로, 천국까지 이르러,
   크신 사랑 감격하여, 경배하게 하소서. 아멘.

성인들의 가르침

주후 4세기가 끝나갈 무렵, 근동지역의 사막 곳곳엔 수만 명의 남녀 수도자들로 가득했다. 그들은 저마다 "떠나라, 침묵하라, 기도하라"는 하나님의 부르심을 들었다고 했다. 우리는 그들을 사막의 교부(敎父) 혹은 교모(敎母)라 부른다. 그들 중 한 사람이 교모 신클레티카(Amma Syncletica)인데, 그는 깊은 겸손 가운데서 기도가 바쳐져야 한다고 믿었던 사람이다.

"세리의 기도를 본받으시오. 그래야 당신은 바리새인의 오류에서 벗어날 것입니다. 모세처럼 온유하시오. 그러면 바위같이 단단한 당신의 마음에서, 샘처럼 물이 흘러나올 것입니다."

기도 | 아침

자비하신 하나님,
마음과 영혼과 뜻과 힘을 다해
하나님을 사랑하라 하신 명령을 기억합니다.
그러나 하나님이 먼저 우리를 사랑하셨고,
예수 그리스도 안에서 그 사랑이
완전히 드러났습니다.
내가 주님의 사랑 받는 자녀임을 알게 하심을
감사드립니다.

내가 사랑받는다는 사실이,
나로 하여금 온 힘을 다해
주님을 사랑하도록 만듭니다.
오늘 특별히, (　　)과 관련해서
주님의 사랑을 경험하게 되었음을 감사드립니다.
주님의 은총으로 모든 길에서 나를 도우소서.
주님의 도움으로 오늘을 살면서
주님을 향한 나의 사랑을 드러내고
확증하는 길을 가게 하소서.
사소한 일들 속에 주님의 사랑이 있음을
발견하는 기쁨을 허락하소서.
간구하는 것은,
성령의 열매를 나날이 더 맺길 원합니다.
사랑, 기쁨, 평화, 인내, 친절, 선함,
충성, 온유, 절제의 열매가 풍성해지게 하소서.
예수님의 이름으로 기도합니다. 아멘.

첫 번째 주 : 월요일

찬송(212장)
아침, 저녁

1. 겸손히 주를 섬길 때, 괴로운 일이 많으나,
   구주여 내게 힘주사, 잘 감당하게 하소서.

2. 인자한 말을 가지고, 사람을 감화시키며,
   갈 길을 잃은 무리를, 잘 인도하게 하소서.

3. 구주의 귀한 인내를, 깨달아 알게 하시고,
   굳건한 믿음 주셔서, 늘 승리하게 하소서.

4. 장래의 영광 비추사, 소망이 되게 하시며,
   구주와 함께 살면서, 참 평강 얻게 하소서.
   아멘.

성인들의 가르침

가장 존경받는 사막 교부들 중 한 사람은 마카리우스(Macarius)다. "어떻게 기도해야 하는가?"라는 질문에, 그는 이렇게 답했다.

"반드시 오랜 대화(기도)가 필요한 것은 아닙니다. 두 팔을 들고, '주님, 주님이 아시오니, 주님 뜻대로, 자비를 베풀어 주소서'라고 말하는 것만으로도 충분합니다. 고통이 더 격렬해져 간다면, '주님, 도와주소서'라고 말하면 됩니다. 우리에게 자비가 필요하다는 것을 잘 아시는 하나님은, 우리에게 자비를 주십니다."

기도 | 아침

온 인류의 하나님,
다른 사람을 사랑하는 것이
곧 주님을 사랑하는 것임을 알게 하시니
감사합니다.
이웃을 내 몸처럼 사랑하라고
주님은 명하셨습니다.
이것이 어떤 사랑을 뜻하는지 이해하는 것은
어렵지 않습니다.
우리는 이미, 내 자신을 사랑하고
나 개인의 필요를 돌보는 법을
잘 알고 있기 때문입니다.
제게 은혜를 베푸셔서,
이 사랑이 다른 이들에게까지
확장되게 하여 주소서.
내가 알지 못하는 이들에게도

나눠지길 원합니다.
특별히 기도하는 것은,
(   )을 사랑할 수 있는 힘을 저에게 주소서.
나의 가장 가까운 친구들과 나누는 그 사랑으로,
낯선 이들을 대할 수 있게 하소서.
오래 동행해온 이들과 나누는 친절을,
우연히 만나게 된 나그네들에게도
베풀게 하소서.
이 모든 사랑의 행동을
주님의 이름으로 행하게 하소서.
세상의 어떤 일보다,
사랑하는 일을 더 귀히 여기게 하소서.
예수님의 이름으로 기도합니다. 아멘.

첫 번째 주 : 화요일

찬송(282장)
아침, 저녁

1. 큰 죄에 빠진 날 위해, 주 보혈 흘려 주시고,
   또 나를 오라 하시니, 주께로 거저 갑니다.

2. 내 죄를 씻는 능력은, 주 보혈밖에 없으니,
   정하게 되기 원하여, 주께로 거저 갑니다.

3. 큰 죄악 씻기 원하나, 내 힘이 항상 약하니,
   보혈의 공로 믿고서, 주께로 거저 갑니다.

4. 내 죄가 심히 무거워, 구하여 줄 이 없으니,
   내 의심 떨쳐 버리고, 주께로 거저 갑니다.

5. 죄 용서하여 주시고, 내 마음 위로하심을,
   나 항상 믿고 고마워, 주께로 거저 갑니다.

6. 주 예수 베푼 사랑이, 한없이 크고 넓으니,
   내 뜻을 모두 버리고, 주께로 거저 갑니다.
   아멘.

성인들의 가르침

4세기 말엽, 북아프리카 히포의 주교였던 성 어거스틴은 당시에 뛰어난 지도자이자 신학자였다. 그는 '하나님께서 이미 우리의 필요를 다 아신다면, 우리가 기도할 필요가 있는가?'라는 질문에 대하여, 이런 답변을 남겼다.

"기도의 수고 그 자체가 우리 마음을 정화시키고, 고요하게 만듭니다. 또한 마음의 공간을 넓혀 주어, 하나님이 부어주시는 영적인 선물을 받아들일 수 있게 합니다. … 하나님은 언제나 우리에게 빛을 주시고자 하십니다. … 그런데 우리는 빛을 받아들일 준비가 항상 되어 있지는 않습니다. … 우리가 하나님을 향하기만 한다면, 그 빛은 언제든 우리에게 와 닿습니다. 우리의 중심을 돌이켜 하나님을 향하는 그 일이 바로 기도입니다. 하나님께로 향하면 내면의 눈이 깨끗해집니다."

기도 | 아침

전능하신 하나님,
내가 주님의 종으로 불리기엔
얼마나 부족한지요.
주님 앞에 서기에 그저 부끄러울 뿐입니다.
주님의 사랑에 비해 나의 사랑은 보잘것없으며,
주님이 원하시는 삶에서

내가 얼마나 멀어져 있는지 깨닫습니다.
용서를 구할 수 없는 죄인이지만,
주님의 자비를 구하는 것은,
그 자비 외에 다른 길이 없기 때문입니다.
바라오니, 나를 주님의 품으로 받아 주시고,
나의 죄를 용서하여 주시며,
잘못됨을 고쳐 주소서.
특별히, 오늘 내가 범한 (   ) 잘못을
회개합니다.
내가 용서를 청할 수 있음은,
그리스도의 구속 은총을 믿기 때문입니다.
이미 이전에도 주님께서 수없이 많은 내 죄를
사하여 주셨음을 기억하며,
다시 용서를 간구합니다.
주님의 온전한 선하심과 자비로 인하여
감사를 드립니다.
그 선함과 인자하심이 평생에 나를 이끄셨으며,
언제까지나 함께하실 것을 믿습니다.
내 몸을 잠에서 깨우신 것처럼,
나의 영혼을 깨워 주셔서,
영원한 생명에 이르게 하소서.
예수님의 이름으로 기도합니다. 아멘.

첫 번째 주 : **수요일**

찬송
(기도서 찬송 1장)
아침, 저녁

1. 원합니다 오 내 주여, 나 경외하오니,
   세상 죄 끊고 주 안에, 늘 살게 하소서.
   강하고 담대한 믿음, 충만히 주시고,
   모든 죄악의 본성을, 다 태워 주소서.

2. 사랑의 주를 따르며, 나 살기 원하니,
   진실하고 굳센 믿음, 나에게 주소서.
   영원하신 구세주여, 날 지켜 주시고,
   내 영혼을 굳센 팔로, 붙들어 주소서.

3. 진리와 사랑의 주님, 전능한 하나님,
   내 영혼의 무거운 짐, 다 맡아 주소서.
   주 보혈로 날 씻으사, 깨끗케 하시고,
   내 마음을 주 품 안에, 숨기어 주소서.
   아멘.

**찬송(597장)
아침, 저녁**

1. 이전에 주님을 내가 몰라,
   영광의 주님을 비방했다.
   지극한 그 은혜 내게 넘쳐,
   날 불러 주시니 고마워라.

2. 나 받은 달란트 얼마런가,
   나 힘써 그것을 남기어서,
   갑절로 주님께 바치오면,
   충성된 종이라 상 주시리.

3. 천하고 무능한 나에게도,
   귀중한 직분을 맡기셨다.
   그 은혜 고맙고 고마워라,
   이 생명 바쳐서 충성하리.

4. 나 하는 일들이 하도 적어,
   큰 열매 눈앞에 안 뵈어도,
   주님께 죽도록 충성하면,
   생명의 면류관 얻으리라.

성인들의 가르침

성 어거스틴은 세례 받게 될 사람들을 교육하는 일에 열정을 기울였다. 사도신경에 대해 설교한 다음에, 그는 주의 기도를 가지고 기도를 가르쳤다. 어거스틴에게 있어서, 주의 기도는 단지 하나의 기도가 아니라, 모든 기도의 본보기였다. 그는 그리스도인의 삶에서 주의 기도가 얼마나 중요한지를 주저 없이 강조했다.

"주 예수 그리스도께서 자신의 기도를 통하여 가르치신 말씀들은, 우리가 구하는 것들의 기준이며 규범입니다. 거기에 기록된 것들 외에, 무엇이 우리에게 더 필요하겠습니까? … 이 밤이 지나면, 당신은 세례반(洗禮盤)[3] 앞으로 인도되어 세례를 받게 될 것입니다. 세례반은 교회가 품고 있는 자궁입니다. '하늘에 계신 우리 아버지!' 당신에게는 하늘에 계시는 아버지가 있다는 사실을 기억하십시오. 당신은 하나님의 생명으로 다시 태어날 것입니다."

기도 | 아침

자비하신 하나님,
문제는, 언제나 내 자신입니다.
나는, 스스로 주인이 되라는
거짓 자아의 속삭임을 좋아합니다.
주님을 신뢰하는 것보다,

내 자신이 옳다고 여기는 자만에 도취됩니다.
주님의 목소리에 귀 기울이기보다,
거짓 자아의 소리에 이끌려 사는 때가
얼마나 많았는지요.
이 시간, 거짓 자아로부터 돌아서오니,
내 안에 깨끗한 영을 회복하게 하여 주소서.
주님을 향하고, 주님의 뜻을 따라 살도록
저를 거듭나게 하여 주소서.
(   )와 관련하여,
나의 거짓된 태도를 벗어버리길
특별히 간구합니다.
주님의 이름을 위하여,
저를 의의 길로 인도하소서.
예수님의 이름으로 기도합니다. 아멘.

세례를 주기 위해 만들어 놓은 욕조, 혹은 큰 물통.

첫 번째 주 : **목요일**

찬송(143장)
아침, 저녁

1. 웬 말인가 날 위하여, 주 돌아가셨나,
   이 벌레 같은 날 위해, 큰 해 받으셨나.

2. 내 지은 죄 다 지시고, 못 박히셨으니,
   웬 일인가 웬 은혠가, 그 사랑 크셔라.

3. 주 십자가 못 박힐 때, 그 해도 빛 잃고,
   그 밝은 빛 가리워서, 캄캄케 되었네.

4. 나 십자가 대할 때에, 그 일이 고마워,
   내 얼굴 감히 못 들고, 눈물 흘리도다.

5. 늘 울어도 눈물로써, 못 갚을 줄 알아,
   몸밖에 드릴 것 없어, 이 몸 바칩니다.
   아멘.

성인들의 가르침

이제 우리는 다섯 번에 걸쳐, 13세기에 살았던 아씨시의 성 프란시스의 글들을 보게 될 것이다. 이 글들은 주의 기도에 대한 주해(註解)다. 이 주해는, 어떻게 주의 기도가 모든 그리스도인의 기도에서 본보기가 될 수 있는가를 보여 준다.

"우리 아버지 : 가장 거룩하신 분, 창조자, 구원자, 위로자이신 주님은, 하늘에 계시며, 천사들과 성인들 가운데 계십니다. 주님은 빛이시기에, 우리를 밝혀 주셔서 주님에 대하여 알게 하십니다. 주님은 사랑이시기에, 우리 안에 주님을 향한 사랑의 불이 타오르게 하십니다. 주님은 가장 선하시고 영원히 자비로우시기에, 우리와 함께 계시고 우리에게 복이 넘치게 하십니다. 모든 선한 것이 주님에게서 비롯되고, 주님이 없으면 아무것도 선하지 않습니다."

기도 | 아침

목자가 되시는 하나님,
주님 앞에서 겸손하게
오늘을 살아가길 원합니다.
겸손하나 유약하지 않게 하시며,
주님의 인도하심에 복종하게 하소서.
주님께서 모든 인간에게
놀라운 잠재력을 주셨으나,

그 힘을 가지고 우리가 짓는 것은
악함과 고통입니다.
주님의 손에 붙잡힐 때,
비로소 우리의 생은 올바르게 사용됩니다.
말이 굴레를 씀으로써
자신의 주인에게 복종하듯이,
나로 하여금 성령의 일깨우심과
마음의 훈련을 통하여
주님의 인도에 복종하게 하소서.
내가 이리저리 방황할 때,
주님께서 확신을 주시고
주님이 원하시는 길로 돌아오게 하소서.
이 시간, 특별히 (   )를 위해 간구하오니,
그의 길을 인도하여 주소서.
저에게 그리스도의 마음을 주시어,
오직 주님이 기뻐하시는 것을
나도 기뻐하게 하시고,
주님의 인도하심을 깨달아 따라가게 하소서.
예수님의 이름으로 기도합니다. 아멘.

첫 번째 주 : 금요일

찬송(149장)
아침, 저녁

1. 주 달려 죽은 십자가, 우리가 생각할 때에,
   세상에 속한 욕심을, 헛된 줄 알고 버리네.

2. 죽으신 구주밖에는, 자랑을 말게 하소서.
   보혈의 공로 힘입어, 교만한 맘을 버리네.

3. 못 박힌 손발 보오니, 큰 자비 나타내셨네.
   가시로 만든 면류관, 우리를 위해 쓰셨네.

4. 온 세상 만물 가져도, 주 은혜 못다 갚겠네.
   놀라운 사랑 받은 나, 몸으로 제물 삼겠네.
   아멘.

성인들의 가르침

"아버지의 이름을 거룩하게 하소서 : 사람들이 주님을 안다면, 주님 축복의 광대함과, 주님 약속의 장구함과, 주님 위엄의 높음과, 주님 판단의 심오함을 안다면, 주님의 이름에 영광을 돌리지 않을 수 없습니다.
아버지의 나라가 오게 하소서 : 주님은 은혜로 우리를 통치

하시고, 우리를 주님의 나라로 인도하십니다. 그곳은 주님의 뜻이 구현되어 있고 주님의 사랑으로 완전한 곳이기에, 우리는 주님의 복된 임재 속으로 들어가고 영원히 주님으로 기뻐하게 될 것입니다."

기도 | 아침

거룩하신 아버지,
오늘 예수님께서는 십자가를 지셨습니다.
나와 우리를 구원하기 위함입니다.
이 은혜를 어찌 말로 다 감사드릴 수 있겠습니까.
하나님은 그리스도를 세상의 구주로 보내셔서,
죄와 죽음에서 우리의 영혼을 구원하시고,
영원한 생명에 대한 확실한 소망을 주셨습니다.
예수께서 죄인의 옷을 입으심으로,
우리는 고침을 받았습니다.
구속하시는 은혜로 오늘 나의 삶을 채워 주시고,
특별히 (   )한 상황을 돌보아 주소서.
주님의 은총을 힘입어,
더 이상 죄에 묶이지 않고,
제 의지보다 주님을 더 즐거워하며
살게 하소서.
나는 자비를 구하기도 어려운 죄인이지만,

주님 앞에 마음을 다해 엎드려 청합니다.
나를 온전히 살펴보시고,
상함이 있는 곳곳마다
주님의 구원하는 은총으로 치유하소서.
예수님의 이름으로 기도합니다. 아멘.

첫 번째 주 : **토요일**

**찬송(23장)
아침, 저녁**

1. 만 입이 내게 있으면, 그 입 다 가지고,
   내 구주 주신 은총을, 늘 찬송하겠네.

2. 내 은혜로신 하나님, 날 도와주시고,
   그 크신 영광 널리 펴, 다 알게 하소서.

3. 내 주의 귀한 이름이, 날 위로하시고,
   이 귀에 음악 같으니, 참 희락 되도다.

4. 내 죄의 권세 깨뜨려, 그 결박 푸시고,
   이 추한 맘을 피로써, 곧 정케 하셨네.
   아멘.

**성인들의
가르침**

"아버지의 뜻이 하늘에서와 같이 땅에서도 이루어지게 하소서 : 우리의 마음을 다하여 주님을 사랑하고 항상 주님을 생각합니다. 우리의 영과 혼을 다하여 주님을 갈망합니다. 우리의 모든 뜻이 주님께 맞추어져 있으며, 모든 일에서 주님의 영광을 추구합니다. 우리 몸과 마음의 힘과 능력을 다하여, 사랑이신 주님을 섬깁니다. 다만 섬길 뿐입니다. 우리 이웃을 우리 몸처럼 사랑하는 일은, 모든 힘을 다하여 그들을 하나님의 사랑에로 이끌어가는 것입니다. 우리 자신이 받고 싶은 것을 다른 이들에게 기꺼이 주고, 저들의 고통을 나누는 일에 참여하며, 어느 누구의 권리도 침해하지 않는 것이 사랑하는 일입니다."

기도 | 아침

은혜를 주시는 하나님,
살아온 지난 주간을 되돌아보는 오늘입니다.
되돌아봄을 통하여,
주님이 나와 함께하셨던 흔적들을 발견합니다.
오늘의 크고 작은 일들 속에
주님이 계셨고 일하심을 고백합니다.
특별히 (   )에 대하여,
주님이 베푸신 은총을 기억하며 감사드립니다.
받은 복들을 헤아리며 하나씩 상기할 때마다,
주님이 하신 모든 일은 그저 놀라울 뿐입니다.
실패의 경험에 사로잡히는 두려움에서
나를 자유롭게 하시되,
실패를 인정하지 않는 자만에서도
건져 주소서.

절망과 자만 사이의 공간 가운데서,
최선의 것을 허락하시는 주님의 은혜를
구합니다.
내 자신과 다른 이들,
특별히 (   )를 위하여 간구합니다.
이 모든 것을 예수님의 이름으로 기도합니다.
아멘.

두 번째 주 : **주일**

찬송(64장)
아침, 저녁

1. 기뻐하며 경배하세, 영광의 주 하나님,
   주 앞에서 우리 마음, 피어나는 꽃 같아,
   죄와 슬픔 사라지고, 의심 구름 걷히니,
   변함없는 기쁨의 주, 밝은 빛을 주시네.

2. 땅과 하늘 만물들이, 주의 솜씨 빛내고,
   별과 천사 노랫소리, 끊임없이 드높아,
   물과 숲과 산과 골짝, 들판이나 바다나,
   모든 만물 주의 사랑, 기뻐 찬양하여라.

3. 우리 주는 사랑이요, 복의 근원이시니,
   삶이 기쁜 샘이 되어, 바다처럼 넘치네.
   아버지의 사랑 안에, 우리 모두 형제니,
   서로 서로 사랑하게, 도와주시옵소서.

4. 새벽 별의 노래 따라, 힘찬 찬송 부르니,
   주의 사랑 줄이 되어, 한 맘 되게 하시네.
   노래하며 행진하여, 싸움에서 이기고,
   승전가를 높이 불러, 주께 영광 돌리세. 아멘.

| 성인들의 가르침 | "오늘 우리에게 일용할 양식을 주소서 : 하나님의 사랑받는 아들, 우리 주 예수 그리스도가 우리의 양식입니다. 그를 통해서 하나님의 사랑이 우리를 보살피신다는 것을 알고, 예수께서 말씀하시고 행하시고 베풀어 주신 모든 것이 우리의 양식임을 믿습니다.
우리 죄를 용서하여 주소서 : 하나님의 무한한 자비와 그 아들 예수 그리스도의 고난을 통하여, 우리는 용서받습니다."

| 기도 | 아침 | 사랑이신 하나님,
내 영혼을 주님의 완전한 사랑으로 채워 주소서.
주님의 영광 외에 아무것도,
내가 사랑을 행하는 이유가
되지 않기를 원합니다.
내 마음이 주님을 향하오니,
주님의 사랑을 받아들이게 하시고
사랑의 종이 되게 하소서.
주님의 사랑이 핏줄이 되어
나의 모든 삶에 흐르게 하소서.
주님의 말씀을 읽을 마음을 일깨우셔서,
주님의 사랑을 더 잘 이해하게 하소서.
오늘 하루 온전히 기도할 열망을 주시고,

제가 알게 된 사랑이 삶 속에서
겸손히 발휘되도록 하여 주소서.
특별히 (　　　)한 상황을
사랑으로 풀어가도록 도우소서.
듣는 데에만 머무르지 않고,
주님의 말씀을 실행하며 살기를 원합니다.
구하오니, 오늘 하루 제 삶이
주님 안에 안식하게 하소서.
그리하여 저의 숨이 멈추는 날에도,
제가 당신의 사랑 받는 자녀임을
잊지 않게 하소서.
언제나 그 사랑을
다른 이들에게 신실하게 전하는 것이,
바로 저의 본분임을 잊지 않게 하소서.
예수님의 이름으로 기도합니다. 아멘.

두 번째 주 : **월요일**

찬송(85장)
아침, 저녁

1. 구주를 생각만 해도, 이렇게 좋거든,
   주 얼굴 뵈올 때에야, 얼마나 좋으랴.

2. 만민의 구주 예수의, 귀하신 이름은,
   천지에 있는 이름 중, 비할 데 없도다.

3. 참 회개 하는 자에게, 소망이 되시고,
   구하고 찾는 자에게, 기쁨이 되신다.

4. 예수의 넓은 사랑을, 어찌 다 말하랴,
   주 사랑 받은 사람만, 그 사랑 알도다.

5. 사랑의 구주 예수여, 내 기쁨 되시고,
   이제로부터 영원히, 영광이 되소서.
   아멘.

성인들의 가르침

"우리가 우리에게 잘못한 사람을 용서하나이다 : 우리 스스로는 완전히 용서할 수가 없습니다. 주님, 온전히 용서할 힘을 우리에게 주십시오. 주님의 뜻을 따라 우리가 원수들을 진정으로 사랑함으로써, 그들도 주님을 향해 신실해지게 하소서. 그들이 악으로 되돌아가지 않고, 주님 안에서 다른 이들을 섬기며 살게 되기를 기도합니다.

감춰진 것이든 드러난 것이든, 갑작스런 것이든 오래 지속된 것이든, 모든 시험에 우리가 빠져들지 않게 하여 주소서. 과거와 현재, 그리고 앞으로 다가오는 모든 악에서 우리를 구하여 주소서. 아멘."

기도 | 아침

보호자 되시는 하나님,
오늘 한 날의 유혹들에서 건져 주시고,
주님의 뜻보다 제 뜻을
더 앞세우지 않게 하소서.
나와 만나는 누구에게도
해를 끼치지 않는 하루를 살도록 하소서.
행여 그리 못 하였을 때,
잘못을 속히 깨닫게 하여 주시고
회개할 마음을 주소서.
또한 제가 범한 잘못에 대하여

바로잡을 용기를 갖게 하소서.
허물을 오랫동안 쌓아놓음으로써
영혼을 더럽히지 않도록 하여 주소서.
나에게 주어진 시간을 사용하여,
다른 이들을 행복하게 하며,
그들의 아픔에 위로가 되는 오늘을 살게 하소서.
특별히 (   )에게
선한 이웃의 역할을 하게 하소서.
예수께서 하나님의 사랑을 사람들에게 보이셨듯,
주님을 영광스럽게 하는 일에
나를 사용하소서.
나를 주님의 평화의 도구로 삼으소서.
예수님의 이름으로 기도합니다. 아멘.

두 번째 주 : **화요일**

찬송
(기도서 찬송 2장)
아침, 저녁

1. 감당 못 할 내 주 은혜, 날 위해 흘린 주 보혈,
   주님 못 박은 날 위하여, 내 주님 돌아가셨다.
   주 못 박은 날 위하여, 내 주님 돌아가셨다.
   놀라우신 주의 사랑, 내 주님 날 구원하셨다.

2. 주 하나님 보좌 떠나, 날 사랑하신 구세주,
   주님 배반한 날 위하여, 구원의 은혜 주셨다.
   주 배반한 날 위하여, 구원의 은혜 주셨다.
   영원하신 주의 사랑, 내 주님 날 구원하셨다.

3. 오랫동안 죄에 빠져, 어둠 속 헤맨 내 영혼,
   주님의 사랑 생명의 빛, 내 영혼 구원하셨다.
   죄의 사슬 다 끊고서, 나에게 자유 주셨다.
   신비하신 주의 사랑, 내 주님 날 구원하셨다.

**찬송(301장)
아침, 저녁**

1. 지금까지 지내온 것, 주의 크신 은혜라,
   한이 없는 주의 사랑, 어찌 이루 말하랴.
   자나 깨나 주의 손이, 항상 살펴 주시고,
   모든 일을 주 안에서, 형통하게 하시네.

2. 몸도 맘도 연약하나, 새 힘 받아 살았네,
   물 붓듯이 부으시는, 주의 은혜 족하다.
   사랑 없는 거리에나, 험한 산길 헤맬 때,
   주의 손을 굳게 잡고, 찬송하며 가리라.

3. 주님 다시 뵈올 날이, 날로 날로 다가와,
   무거운 짐 주께 맡겨, 벗을 날도 멀잖네.
   나를 위해 예비하신, 고향집에 돌아가,
   아버지의 품 안에서, 영원토록 살리라.

**성인들의
가르침**

4세기 말에서 5세기 초에 불붙듯 번져나간 수도원 운동에서, 존 카시안(John Cassian)은 주목 받는 지도자로 등장했다. 그는 유대와 이집트, 이탈리아, 프랑스 등지에서 공동체의 생활을 시작하여 죽을 때까지 지속했다. 그의 저서인 『회합』(Conference)에는 압바 시몬(Abba Simon)의 가르침이 기록되어 있다. 압바 시몬은, 당대 대부분의 스승들처럼,

주의 기도가 담고 있는 기도의 요체를 발견한 사람이었다.

"우리 입으로, 우주의 주인이며 하나님이신 분을 우리 아버지라고 고백할 때, 우리는 이미 종의 상태에서 건짐을 받아, 그분의 자녀가 되었습니다."

기도 | 아침

하나님,
자신을 낮추시고 십자가에서 죽기까지 복종하신
그리스도의 길을, 내게 가르치소서.
겸손은 사랑의 증거입니다.
주님의 빛을 나에게 비추셔서,
겸손을 가로막는 내 안의 모든 것을
밝히 보게 하소서.
주님은 하나님이요 나는 종임을 인정함으로써
나는 빛 안에 거합니다.
그 빛 가운데 행하게 하소서.
오늘 제 자신을 당신께 드립니다.
아무런 조건 없이 기꺼이 드립니다.
제 모습 이대로 받으시고
적합한 모습으로 빚으셔서,
주님이 보시기에 합당한 도구로 사용하소서.

저는 주님의 손 안에 있으며,
주님의 손은 선하십니다.
제가 보냄을 받는 곳마다,
그곳에 주님의 은총이 충만함을 믿습니다.
그 믿음으로 인해,
어떤 일에서든 주님의 종으로 사는 것에
만족하길 원합니다.
특별히 (   )하는 일에서
주님의 종으로 섬기게 하소서.
예수님의 이름으로 기도합니다. 아멘.

두 번째 주 : **수요일**

찬송
(기도서 찬송 3장)
아침, 저녁

1. 나의 삶을 드리니, 거룩하게 하소서.
   나의 사는 매순간, 찬양하게 하소서.
   나의 두 손 사랑의 도구 삼아 주시고,
   나의 발은 주 위해, 민첩하게 하소서.

2. 목소리로 나의 왕, 찬송하기 원하네.
   나의 입에 복음을, 가득 담게 하소서.
   내가 가진 모든 것, 남김없이 드리니,
   나의 힘과 지혜도, 주님 사용하소서.

3. 나의 뜻은 없으니, 주 뜻대로 하소서.
   왕 되신 주 오셔서, 날 다스려 주소서.
   주 발 앞에 내 사랑, 옥합처럼 드리니,
   나를 받아주소서, 나의 사랑 내 주여.

찬송(323장)
아침, 저녁

1. 부름 받아 나선 이 몸, 어디든지 가오리다.
   괴로우나 즐거우나, 주만 따라 가오리니,
   어느 누가 막으리까, 죽음인들 막으리까,
   어느 누가 막으리까, 죽음인들 막으리까.

2. 아골 골짝 빈들에도, 복음 들고 가오리다.
   소돔 같은 거리에도 사랑 안고 찾아가서,
   종의 몸에 지닌 것도, 아낌없이 드리리다,
   종의 몸에 지닌 것도, 아낌없이 드리리다.

3. 존귀 영광 모든 권세, 주님 홀로 받으소서.
   멸시 천대 십자가는, 제가 지고 가오리다,
   이름 없이 빛도 없이, 감사하며 섬기리다,
   이름 없이 빛도 없이, 감사하며 섬기리다.
   아멘.

성인들의 가르침

카시안은, 압바 시몬의 회합을 계속 기록해 간다. 다음은 "하늘에"와 관련된 구절이다.

"다음으로 우리는 '하늘에'라는 말을 덧붙입니다. 이 말을 통해, 우리는 지금의 삶 주위를 배회하는 온갖 두려움을 넘어섭니다. 우리는, 순례자로 이 땅을 지나고 있을 따름입니다. … 우리의 아버지가 계시는 곳인 하늘을 향하여, 우리는 열망을 가지고 발걸음을 재촉합니다. 어떤 것도 우리에게서 아버지의 상속을 빼앗아갈 수 없습니다. 정의롭고 지엄한 하나님의 진노가 우리에게 미치지 않습니다."

기도 | 아침

자비하신 하나님,
"아버지의 나라가 오게 하시며
아버지의 뜻이 이루어지게 하소서"라고
나는 기도하지만,
주님의 나라와 뜻을 가로막는 것은
다름 아닌 나입니다.
나를 부정하는 것,
이것이 내 기도가 되게 하소서.
자신을 다스리고 지배하는 나를 부인할 때,
주님의 다스림과 통치가 이루어짐을 깨닫습니다.
오늘 특별히, (   )과 관련하여
나를 부인하는 결단을 하게 하소서.
혹여, 기도한 대로
온전히 행하며 살지 못하더라도,
나는 늘 주님께 다가가렵니다.

나를 받아 주시며 용서하시고 고치시는 분이
주님임을 알기 때문입니다.
그렇기에 죄가 계속하여
나를 지배할 수 없습니다.
주님의 소유가 되고자 하는 내 마음을
주님께서 아십니다.
주님이 나의 주인이 되셔서,
주님을 향한 오직 한 마음으로
살아가게 하소서.
예수님의 이름으로 기도합니다. 아멘.

두 번째 주 : **목요일**

찬송
(기도서 찬송 4장)
아침, 저녁

1. 고요한 쉼이 있는 곳, 하나님 품이요,
   괴롭힘 죄가 없는 곳, 하나님 품이라.

2. 따뜻한 위로 있는 곳, 하나님 품이요,
   우리 주 뵐 수 있는 곳, 하나님 품이라.

3. 완전한 자유 있는 곳, 하나님 품이요,
   기쁨과 평화 있는 곳, 하나님 품이라.

   [후렴]
   주 예수 보내 주신, 하나님 사랑,
   그 품에 우리들을, 안아 주소서.

**찬송(559장)
아침, 저녁**

1. 사철에 봄바람 불어 잇고,
   하나님 아버지 모셨으니,
   믿음의 반석도 든든하다,
   우리 집 즐거운 동산이라.

2. 어버이 우리를 고이시고,
   동기들 사랑에 뭉쳐 있고,
   기쁨과 설움도 같이하니,
   한 간의 초가도 천국이라.

3. 아침과 저녁에 수고하여,
   다 같이 일하는 온 식구가,
   한상에 둘러서 먹고 마셔,
   여기가 우리의 낙원이라.

[후렴]

고마워라 임마누엘, 예수만 섬기는 우리 집,
고마워라 임마누엘, 복되고 즐거운 하루 하루.

**성인들의
가르침**

카시안이 전해 주는 압바 시몬을 한 번 더 따라가 보자. 그는 이어 "아버지의 이름을 거룩하게 하소서"라는 구절을 이렇게 설명한다.

"'하나님의 영광이 우리의 소원이요 기쁨'이라고 말한다면, 우리는 그리스도를 본받은 자가 된 것입니다. 예수께서는 '자기 마음대로 말하는 사람은 자기의 영광을 구하는 것이지만, 자기를 보내신 분의 영광을 구하는 사람은 진실하며, 그 사람 속에는 불의가 없다'고 말씀하셨습니다. 그러므로 우리가 '아버지의 이름을 거룩하게 하소서'라고 말할 때, 이는 '우리의 영적인 행실 속에서 주님의 이름이 영광을 받게 되리라'는 의미입니다. 사람들이 우리의 선한 행실을 보고 하늘에 계신 아버지께 영광을 돌릴 때, 이 기도는 완성됩니다."

카시안의 『회합』(Conference) 9권은, 압바 시몬이 남긴 주의 기도 해설을 한 구절씩 계속 기록해 간다. 그러나 여기서 그치고 다른 성인들의 가르침을 살펴보기로 한다.

기도 | 아침

하나님, 주님의 영으로 나를 가르치소서.
배우는 자의 태도를 가짐으로써
주님의 참된 제자가 된다는 진리를
깨우쳐 주소서.

나의 배움은 부족하고 길은 멉니다.
그러나 멀다는 사실에 실망하지 않고,
열심을 다해 주님의 가르침을 배워가는
용기를 주소서.
또한 스스로 안다고 여기고 배우지 않으려 하는
자만에서 건져내어 주소서.
더 가지 않아도 된다는 그 어떤 자신감도
그릇된 것임을 알게 하소서.
배우고 자라게 하시는
주님의 인도하심과 더불어,
다른 이들을 위해 배운 것들을 실천하려는
열망도 지니게 하소서.
특별히 나는 (   )한 이들에 대하여
책임감을 느끼고 있습니다.
주님의 섭리가 나를 통하여 흘러
그들에게 전달되기를 기도합니다.
그러나 나는 도구일 뿐이니 나를 감추어 주시고,
주님이 그들에게 드러나소서.
예수님의 이름으로 기도합니다. 아멘.

두 번째 주 : 금요일

찬송(147장)
아침, 저녁

1. 거기 너 있었는가 그때에, 주님 그 십자가에 달릴 때, 오, 때로 그 일로 나는, 떨려 떨려 떨려, 거기 너 있었는가 그때에.

2. 거기 너 있었는가 그때에, 주님 그 나무 위에 달릴 때, 오, 때로 그 일로 나는, 떨려 떨려 떨려, 거기 너 있었는가 그때에.

3. 거기 너 있었는가 그때에, 해가 그 밝은 빛을 잃을 때, 오, 때로 그 일로 나는, 떨려 떨려 떨려, 거기 너 있었는가 그때에.

4. 거기 너 있었는가 그때에, 주님 그 무덤 속에 뉘일 때, 오, 때로 그 일로 나는, 떨려 떨려 떨려, 거기 너 있었는가 그때에.

5. 거기 너 있었는가 그때에, 주님 그 무덤에서 나올 때, 오, 때로 그 일로 주께, 영광 영광 영광, 거기 너 있었는가 그때에.

성인들의 가르침

14세기에 살았던 노리치(Norwich)의 쥴리안(Julian)은, 하나님이 보내신 빛들 중 하나였다. 그녀의 생애에 관해서 알려진 것은 별로 없지만, 그녀의 저작인 『계시의 서』(A Book of Showings)는 그리스도교 신비 전통에 있어서 귀중한 자료다. 쥴리안은 열네 번째 계시(43~44장)에서, 우리의 뜻과 하나님의 뜻이 일치될 수 있는 길에 대해 기술한다. 이 대목은, 주의 기도 중 "아버지의 뜻이 이루어지게 하소서"라는 구절을 조명하는 훌륭한 안내자가 된다.

"기도는 우리의 뜻을 하나님의 뜻과 일치시키는 행위입니다. 하나님은 사랑으로 우리를 대하시며, 하나님의 선한 뜻과 행실을 공유하는 존재로 우리를 변화시키십니다. 그러므로 하나님은, 우리 스스로 하나님이 기뻐하시는 일을 하고 싶다는 기도를 하도록, 우리의 마음을 이끄십니다. 이런 기도를 드리는 것 자체가 하나님의 선물입니다. 이러한 기도와 (하나님의 선물인) 선한 의지에 대해 하나님께서는 끊임없이 응답하십니다."

기도 | 아침

하늘에 계신 아버지,
하나님의 아들이 우리를 위해 십자가를 지신
금요일입니다.

이로 인해 우리는
주님을 향해 살 수 있게 되었습니다.
'성금요일'이라고 부르는 오늘,
그리스도께서는 고통과 죽음을 겪으셨으나
우리는 이를 힘입어 삽니다.
그리스도 안에 있는 구원을 바라고 자신을 열어,
주님께로부터 오는 구원의 선물을
받아들일 수 있게 하소서.
그럼으로써 내 자신이 이 십자가의 은혜에
온전히 사로잡히게 하소서.
"신자 되기 원합니다, 진심으로."
이 찬송이 주님께 드릴
나의 다짐이요 소원입니다.
오늘도 언제나처럼
주님께서는 내 마음의 문을 두드리시니,
나는 그 문으로 다가가 문을 엽니다.
주님이 하실 말씀을 들을 준비가 되었습니다.
말씀하소서.
예수님의 이름으로 기도합니다. 아멘.

두 번째 주 : **토요일**

찬송(593장)
아침, 저녁

1. 아름다운 하늘과, 묘한 세상 주시고,
   많은 사랑 베풀어, 우리 길러 주시니,

2. 산과 들의 초목을, 울창하게 하시고,
   달과 별의 광채를, 밤에 보여 주시니,

3. 눈과 귀를 밝히사, 맘과 뜻이 합하고,
   신기하게 움직여, 묘한 조화 이루니,

4. 부모자녀 애정과, 형제자매 우애와,
   친구들의 사랑을, 나누도록 하시니,

5. 거룩한 손 가지고, 봉사하는 교회가,
   순결함과 사랑을, 나타내게 하시니,

6. 주는 인류 위하여, 십자가에 달리사,
   땅에 평화 이루고, 하늘 기쁨 주시니,

[후렴] 우리 주님 예수께, 감사 찬송합니다. 아멘.

성인들의 가르침

그 다음 구절인 "하늘에서와 같이 땅에서도 이루어지게 하소서"라는 부분에 대해서도, 쥴리안은 의미 있는 해석을 제공한다.

"진리는 하나님을 향하고, 지혜는 하나님을 바라봅니다. 진리와 지혜로부터 하나님의 세 번째 성품이 나옵니다. 그것은 하나님의 놀라운 기쁨인 사랑입니다. 진리와 지혜가 있는 곳에, 진정 사랑도 거기 있습니다. 이 셋 모두는 하나님이 만드신 것입니다. … 하나님은 진리와 지혜와 사랑을 피조물인 인간의 영혼 안에 넣어 주셨습니다. 그러므로 인간의 영혼은 하나님을 향하고, 하나님을 바라보고, 하나님을 사랑하고자 합니다. 이러한 영혼을 하나님께서 기뻐하시고, 그 영혼에 머무르십니다. 이것은 영원히 놀라운 일입니다."

기도 | 아침

오 하나님,
모든 믿음의 형제자매와 함께,
오늘 나는 당신께 감사를 드립니다.
예배를 드리는 일이야말로
하나님의 백성에게는 중심이요 특권입니다.
나는 땅과 하늘에 속한

교회 구성원의 한 사람으로서,
내일 주님을 올바로 예배할 수 있도록
거룩한 마음을 준비하게 되기를 구합니다.
오염된 마음으로 바른 예배를 드릴 수 없고,
또한 내일이 온다고 해서
내가 저절로 주님이 계시는 곳에 이르러
그 뜰에서 감사와 찬양을 바치게 되는 건
아니기 때문입니다.
기도드리오니,
특별히 예배드리는 일에 종사하는 성직자들과
평신도들에게 기름을 부어주소서.
그들이 말씀을 준비하고
맡겨진 거룩한 일들을 감당할 때,
영과 진리로 주님을 예배할 마음이
더욱 깊어지게 하소서.
예수님의 이름으로 기도합니다. 아멘.

세 번째 주 : 주일

찬송(36장)
아침, 저녁

1. 주 예수 이름 높이어, 다 찬양하여라.
   금 면류관을 드려서, 만유의 주 찬양,
   금 면류관을 드려서, 만유의 주 찬양.

2. 주 예수 당한 고난을, 못 잊을 죄인아,
   네 귀한 보배 바쳐서, 만유의 주 찬양,
   네 귀한 보배 바쳐서, 만유의 주 찬양.

3. 이 지구 위에 거하는, 온 세상 사람들,
   그 크신 위엄 높여서, 만유의 주 찬양,
   그 크신 위엄 높여서, 만유의 주 찬양.

4. 주 믿는 성도 다 함께, 주 앞에 엎드려,
   무궁한 노래 불러서, 만유의 주 찬양,
   무궁한 노래 불러서, 만유의 주 찬양. 아멘.

성인들의 가르침

쥴리안이 영국에서 하나님을 체험하면서 저작 활동을 하던 시대에, 독일에서는 토마스 아 캠피스(Thomas à Kempis)가 비슷한 일을 하고 있었다. 그의 저술인 『그리스도를 본받아』(Imitation of Christ)는 성서를 제외하고 오랫동안 가장 많이 읽힌 서적이다. 이 책이 보여 주는 기도에 대한 통찰력을 그냥 지나칠 수 없다. 내적 삶에 관한 그의 말들은 주의 기도가 지닌 의미를 강화시킨다. 지금 여기서 하나님의 뜻을 행한다는 것의 의미, 가장 작고 단순한 사물들이 지닌 의미 등이 그것이다.

"당신의 마음이 잘못된 애착에서 자유롭다면, 선한 행동을 하는 것이 어렵지 않을 것입니다. 당신이 추구하는 바가 하나님을 기쁘시게 하는 것이라면, 당신이 원하는 것이 이웃의 행복이라면, 당신은 자유를 누리게 될 것입니다.
당신의 마음만 올바르다면, 존재하는 모든 피조물이 당신의 삶을 비춰 주는 거울이요, 거룩한 가르침을 주는 책임을 깨달을 것입니다. 하나님의 선하심을 보여 줄 수 없을 만큼 작고 가치 없는 피조물은 세상에 없습니다."

기도 | 아침

사랑의 하나님,
내가 잠에서 깨어나

주님의 거룩하신 이름에 경배합니다.
모든 자비하심에 감사드리며
내 자신을 주님께 드립니다.
아버지여, 만물을 창조하심으로 인하여
하나님께 영광을 돌립니다.
축복받으신 성자여,
제 구원자이며 보호자이며 친구이신 주님께
영광을 바칩니다.
성령이여, 저와 함께하시며
믿음의 길로 인도하시는 성령님께
영광 있기를 빕니다.
오늘 하루 주님의 길을 걷는 은총을 주소서.
내 삶이 평화로운 주님의 오솔길에서
안식하게 하소서.
참된 헌신을 하게 되길 원합니다.
특별히 나의 (   )을 주님께 드립니다.
그러나 예배를 드리는 시간보다
더 중요한 것이 있음을 압니다.
주님이 가장 원하시는 것은
변함없이 신실한 시간들입니다.
그러기에 주님을 향한 변치 않는 사랑을 바칩니다.
예수님의 이름으로 기도합니다. 아멘.

세 번째 주 : **월요일**

찬송(138장)
아침, 저녁

1. 햇빛을 받는 곳마다, 주 예수 다스리시고,
   이 세상 끝날 때까지, 그 나라 왕성하리라.

2. 주님을 찬양하면서, 간절히 기도드리니,
   그 기도 향기 되어서, 주 앞에 상달하도다.

3. 온 세상 모든 사람들, 그 사랑 찬송하도다.
   어린이들도 기뻐서, 구주를 찬송하도다.

4. 주 예수 계신 곳마다, 그 은혜 충만하도다.
   곤하고 지친 사람들, 주님의 사랑 받도다.

5. 이 세상 모든 만물아, 주 앞에 경배하여라.
   저 천군 천사 다 함께, 주님을 찬송하여라.
   아멘.

성인들의 가르침

하나님의 뜻을 행하는 것을 인간의 노력으로 이룩한 공적이라고 생각해선 안 된다. 우리의 의지를 훈련하는 것 역시 하나님의 은혜로 말미암은 것이기 때문이다. 토마스는 이를 분명하게 설명한다.

"하나님의 은혜가 사람들에게 임하면, 그들은 모든 것을 할 수 있습니다. 그러나 은혜가 떠나면, 그들은 고통 속에 버려진 것처럼 약해집니다. 이런 상황 속에 있다고 해서 포기하거나 절망해선 안 됩니다. 오히려 조용히 하나님의 뜻을 기다리고 주님을 찬양하면서, 자신에게 일어나는 모든 것을 잘 받아들여야 합니다. 겨울이 지나면 봄이 오고 밤이 지나면 아침이 오듯이, 폭풍이 지나고 난 뒤에 고요함이 찾아들기 때문입니다."

기도 | 아침

사랑의 하나님,
인류가 하나님의 가족이니,
내 이웃이 아닌 이가 정녕 아무도 없습니다.
때로 자신만을 위하여 생각하고 행동하는 저를 구원하여 주소서.
인류라는 가족의 한 부분으로
내가 존재한다는 진실을 잊지 않도록 하소서.

그럼으로써 모든 사람을 사랑하고
섬기는 삶을 살게 하소서.
내 가까이에 있는 이들을 사랑할 기회를
흘려버리지 않기를 원합니다.
(   )는 내가 특별히 사랑을 기울여야 할
사람입니다.
나로 하여금 청지기로서의 단순한 삶을
유지하게 하소서.
그리하여 내 손이 닿는 곳 너머에 있는 이들과도
평화를 나누게 하소서.
나에게, 그리고 특별히 정의와 자비를 위해
일하는 이들에게 사랑의 능력을 더하여 주소서.
예수님의 이름으로 기도합니다. 아멘.

세 번째 주 : 화요일

**찬송(196장)
아침, 저녁**

1. 성령의 은사를, 나에게 채우사,
   주님의 사랑 본받아, 나 살게 하소서.

2. 성령의 은사를, 나에게 채우사,
   정결한 마음 가지고, 나 행케 하소서.

3. 성령의 은사를, 나에게 채우사,
   더러운 세상 탐욕을, 다 태워 주소서.

4. 성령의 은사를, 나에게 채우사,
   영원한 주님 나라에, 나 살게 하소서. 아멘.

**성인들의
가르침**

16세기 스페인에서는 아빌라의 테레사(Teresa of Avila)가 활동하고 글을 남겼다. 『완전에 이르는 길』(The Way of Perfection)이라는 책에서, 테레사는 특별히 주의 기도를 다루었다. 주의 기도를 이해하는 데 있어, 그녀의 의견은 우리에게 큰 도움이 될 것이다. "우리에게 일용할 양식을 주소서"라는 구절에 대한 테레사의 견해를 살펴볼 것이다. 테레사는 이 부분을 매일의 성찬에 맞추어 이해한다.

"영혼도 양식을 먹고자 하는 갈망을 지니고 있습니다. 방법은 여러 가지가 있으나, 복된 성례전을 통하여 영혼은 기쁨과 위로를 얻습니다. 거룩한 빵이 가져다주는 기쁨과 위로를 누린다면, 어떠한 가난이나 시험, 핍박도 견디어 낼 수 있습니다.
즐거이 예수와 연합하십시오. 성찬을 받음으로써, 그리스도와 교통할 수 있는 복된 기회를 붙잡으십시오."

더 나아가 테레사는, 이 은총의 수단(성찬)을 통해서 우리는 생명을 주시는 그리스도를 깨닫는다고 가르친다. 성찬으로 말미암아 우리 삶의 나머지 부분도 거룩한 빵으로 변모된다고 말한다.

기도 | 아침

전능하신 하나님,
주님은 하나님이시요 나는 주님의 피조물입니다.
이를 깨닫고 인정하는 것이야말로
가장 큰 은총입니다.
그런데 내 자아는 끝없이 커지고 싶어 하고,
주님만큼 높아지려는 욕망에 사로잡힙니다.

오랜 시간 동안
이런 교만에 저항하고자 애써왔으나,
근래에 (   ) 상황에서
교만이 고개를 치켜듭니다.
내 영혼이 온순하여 겸손에 이르기 위해
주님의 은총을 구합니다.
성령께서 나를 직접 지도하셔서
온유한 마음을 갖게 하시고,
오늘 하루의 삶을 통하여
겸손을 배우게 하소서.
제 마음을 열어,
주님이 베푸시는 은총의 모든 것을
받아들이게 하소서.
내가 겸손으로 주님의 선하심을 닮아감으로써
주님의 영광이 드러나길 원합니다.
나는 주님의 사랑 받는 자녀이오니,
이 소원을 가지고 하루를 살겠습니다.
예수님의 이름으로 기도합니다. 아멘.

세 번째 주 : **수요일**

찬송
(기도서 찬송 5장)
아침, 저녁

1. 복음의 잔치 다 오라, 주 예수 청한 모든 자,
   지체 말고서 다 오라, 누구나 오라 하셨다.

2. 날 불러 주가 보냈다, 모두들 초대하라고,
   온 세상 사람 다 오라, 주께서 준비하셨다.

3. 다 오라 죄에 눌린 자, 쉼 잃고 방황하는 자,
   가난과 고통당한 자, 주께서 맞아 주시리.

4. 들으라 주의 말씀을, 주께로 오면 살리니,
   헛되지 않은 그 죽음, 네 맘에 새길 주 사랑.

5. 늦추지 말라 이 시간, 주께서 정한 주의 날,
   우리를 위해 죽으신, 주 부름 듣고 살 때라.

성인들의 가르침

주의 기도의 다음 구절인 "우리가 우리에게 잘못한 사람을 용서하여 준 것같이, 우리 죄를 용서하여 주소서"라는 부분에 대하여, 테레사는 동료 자매들에게 이렇게 말했다.

"이것은 우리가 깊이 생각해 볼 문제입니다. 영원한 지옥 불에나 어울릴 심각하고 중대한 잘못이라도 주님은 용서하십니다. 다만 우리가 남을 용서하기만 한다면 말입니다. '우리가 용서하여 준 것같이'라는 말씀을 주의 깊게 묵상합시다. 우리에게서 용서는 이미 시행되고 있는 일이어야 합니다."

기도 | 아침

주님, 내가 밖에 있거나 안에 있거나,
꼭대기에 있거나 바닥에 있거나,
주님은 나를 아시고
나보다도 더 나를 잘 아시는 분입니다.
주님은 내가 일어나는 때와 눕는 때를 아십니다.
또한 나의 모든 길을 아십니다.
내가 깨닫기도 전에,
이미 주님은 교만과 아집이 내 안에 있음을
간파하십니다.
주님, 내 안의 비밀스런 방을 깨끗하게 하셔서,

거짓된 자아가 감추어질 수 없도록
만들어 주소서.
주님의 손길을 통해
선한 의식을 내게 일깨우셔서,
이기적인 자아를 스스로 비울 수 있는
힘을 북돋워 주소서.
특별히 (　　　)함에 있어서,
깨어 있기를 원하나이다.
오늘 마주하게 될 악과 유혹에서
나를 건져 주소서.
오 하나님, 오셔서 도와주소서.
속히 임하셔서 구원하소서.
예수님의 이름으로 기도합니다. 아멘.

세 번째 주 : 목요일

찬송(420장)
아침, 저녁

1. 너 성결키 위해 늘 기도하며,
   너 주 안에 있어 늘 성경 보고,
   온 형제들 함께 늘 사귀면서,
   일하기 전마다 너 기도하라.

2. 너 성결키 위해 네 머리 숙여,
   저 은밀히 계신 네 주께 빌라.
   주 사귀어 살면 주 닮으리니,
   널 보는 이마다 주 생각하리.

3. 너 성결키 위해 주 따라가고,
   일 다급하여도 당황치 말고,
   참 즐거울 때나 또 슬플 때나,
   너 주님만 믿고 늘 따라가라.

4. 너 성결키 위해 늘 기도하며,
   네 소원을 주께 다 맡기어라,
   너 성령을 받아 주 섬겨 살면,
   저 천국에 가서 더 잘 섬기리.

성인들의 가르침

테레사는 "우리를 시험에 빠지지 않게 하소서" 구절을 언급하면서, 기도하는 이들에게도 시험이 찾아온다고 말한다. 그녀는 자신을 무가치하다고 여기는 감정에 대해서 경고하는 동시에, 자만심에 대해서도 경계한다.

"그러므로 영원한 아버지시여, 주님을 의지하고, 원수들이 우리를 시험에 빠뜨리지 못하도록 도와달라는 것 외에, 우리가 무엇을 더 기도할 수 있겠습니까? 누가 보더라도 원수임이 분명한 적들이 올 때에는, 주님의 은혜로 우리는 어렵잖게 극복할 수 있습니다. 그러나 교묘하게 분장한 원수들이 찾아올 때엔, 무슨 수로 그들이 원수임을 알아차리겠습니까? 그래서 우리는 언제나 주님께 구원을 청하는 기도를 드리지 않을 수 없습니다. 주님, 우리를 훈계하소서. 우리 스스로의 연약함을 깨닫고, 주님 안에 안연히 거하게 하소서."

기도 | 아침

열매를 맺게 하시는 하나님,
성령의 열매들이 내 삶에 열리게 하소서.
사랑과 기쁨과 평화와 인내와 친절과
선함과 신실과 온유와 절제가,
나의 삶에서 열매로 드러나게 하소서.

이 열매들을 통해
나는 더 온전히 그리스도를 닮게 됩니다.
우리가 따라야 할 본은,
모든 힘을 가지시고도 가장 겸손하셨던
그리스도이십니다.
특별히 나에게는
(   )의 열매가 부족함을 느낍니다.
오늘 하루의 삶 속에서
그 열매가 더 풍성해지길 원합니다.
그리스도께서 자신을 아버지의 뜻에 맡겼듯이,
내 삶의 모든 권리를 하나님께 드립니다.
오늘 주님이 보시기에 합당하신 대로
나를 사용하소서.
내 삶이 중요한 이유는,
주님이 나를 중요하게 여기시기 때문입니다.
나를 다스려 주소서.
그리하여, "나의 뜻대로 마시고
아버지의 뜻대로 하소서"라고
구하셨던 그리스도의 기도처럼,
나의 뜻이 주님의 뜻과 같아지질 원합니다.
그런 소원을 품게 하소서.
예수님의 이름으로 기도합니다. 아멘.

세 번째 주 : 금요일

찬송(439장)
아침, 저녁

1. 십자가로 가까이, 나를 이끄시고,
   거기 흘린 보혈로, 정케 하옵소서.

2. 십자가에 가까이, 내가 떨고 섰네.
   거기 있는 새벽별, 내게 비추시네.

3. 십자가로 가까이, 가게 하시옵고,
   몸소 받은 고생도, 알게 하옵소서.

4. 십자가에 가까이, 의지하고 서서,
   천국 이를 때까지, 항상 머물겠네.

[후렴]
십자가 십자가, 무한 영광일세.
요단강을 건넌 후, 영원 안식 얻네. 아멘.

성인들의 가르침

이제 주의 기도에 대한 고찰을 끝내게 되었다. 그러나 하루 더 테레사와 함께하려 한다. 모든 사람에게 다 통용되는 기도 방식이나 기도 수련법은 존재하지 않는다고, 테레사는 우리에게 상기시킨다.

"하나님은 모든 사람을 하나의 길로 이끌어가지 않으신다는 사실을 우리는 알아야 합니다. 어떤 사람은, 자신이 매우 낮은 길을 따라 걸어가고 있다고 스스로 생각합니다. 하지만 주님이 보시기에, 사실 그는 아직도 높이 있습니다. 참된 겸손은, 주님께서 당신과 함께하시고자 하는 일에 기꺼이 만족하는 데에 있음을 생각하도록 하십시오. 자신이 주님의 종으로 부름 받기에 부족하다는 사실을 언제나 인정하는 것이 겸손입니다."

기도 | 아침

창조주이신 하나님,
그리스도의 대속을 통하여,
주님은 인간뿐만 아니라
창조하신 온 세상만물을 구원하셨습니다.
그 섭리는 오묘하여 다 이해할 수 없습니다.
그러나 주님, 사람을 비롯한 피조물들은
아직도 죄에서 해방되고자 신음하고 있습니다.

나를 주님 손의 도구로 삼아 세상을 돌보시고,
세상의 완전한 구원을 이루시고자
나를 부르셨음을 믿습니다.
모든 사람이 주님의 부르심을 따라,
모든 생명세계를 위한 자신의 소명을
발견하게 하소서.
특별히 세상을 돌보는 일에
자신을 투신하고 있는 (　　)을 위해
기도합니다.
나에게도 은총을 베푸셔서,
주님의 세상을 거룩하게 하는 일에
참여할 용기를 주소서.
모두가 이 부르심에 복종할 때,
주님의 세계가 더 아름다워질 것임을 믿습니다.
예수님의 이름으로 기도합니다. 아멘.

세 번째 주 : **토요일**

찬송(145장)
아침, 저녁

1. 오 거룩하신 주님, 그 상하신 머리,
   조롱과 욕에 싸여, 가시관 쓰셨네.
   아침 해처럼 밝던, 주님의 얼굴이,
   고통과 치욕으로, 창백해지셨네.

2. 주 당하신 그 고난, 죄인 위함이라.
   내 지은 죄로 인해, 주 형벌 받았네.
   내 주여 비옵나니, 이 약한 죄인을,
   은혜와 사랑으로, 늘 지켜 주소서.

3. 나 무슨 말로 주께, 다 감사드리랴.
   끝없는 주의 사랑, 한 없이 고마워.
   보잘것없는 나를, 주의 것 삼으사,
   주님만 사랑하며, 나 살게 하소서. 아멘.

성인들의 가르침

이제 우리는 기도하는 삶에 관한 다양한 방법들을 제시하는 성인들의 가르침을 접해 볼 것이다. 먼저 초기 사막의 교모인 암마 사라(Amma Sarah)로부터 시작한다. 그녀는 기도의 중심인 마음의 정결을 강조한다.

"내 행실에 대해 모든 사람이 이해하고 찬동해 주길 바란다면, 나는 각 사람마다 찾아가 해명하는 일에 마음을 쓰게 될 것입니다. 그보다 나는, 내 마음이 모두를 향하여 정직하게 되기를 기도하겠습니다."

기도 | 아침

은혜로우신 하나님,
때때로 '혼자서 살 수 있다'고 생각하는 나는
얼마나 어리석은 사람인지요.
내 삶은 헤아릴 수 없는 많은 사람들과
연결되어 있고,
알게 모르게 나의 행복을
그들에게 빚지고 있습니다.
나를 사랑하고 기도해 주는
가족과 친구들을 위해,
특별히 (   )를 위해 기도합니다.
또한 내가 알지 못하는 이들을 위해서도

기도합니다.
보이지 않는 그들의 수고가
나의 삶을 지탱해 주고 있습니다.
오늘은 (   )을 위해 수고하는 이들을 기억하며
기도합니다.
이런 이들이 내 주위에 있음을 감사드립니다.
내가 주님께로부터 받은 모든 은총으로,
입은 은혜를 되돌려주는 삶을 살게 하소서.
가까이 있든지 멀리 있든지,
아는 사람이든지 모르는 사람이든지,
누구에게라도 친절을 나누는
사람이고 싶습니다.
삶 속에서 그리고 일 속에서,
이를 행할 수 있는 길을 보여 주소서.
다른 이들에게 많은 것을 받았으므로
감사드립니다.
또한 그들과 나눌 수 있는 기회가
제게 주어졌으므로 감사드립니다.
예수님의 이름으로 기도합니다. 아멘.

네 번째 주 : **주일**

찬송(314장)
아침, 저녁

1. 내 구주 예수를 더욱 사랑,
   엎드려 비는 말 들으소서.
   내 진정 소원이 내 구주 예수를,
   더욱 사랑 더욱 사랑.

2. 이전엔 세상 낙 기뻤어도,
   지금 내 기쁨은 오직 예수.
   다만 내 비는 말, 내 구주 예수를,
   더욱 사랑 더욱 사랑.

3. 이 세상 떠날 때 찬양하고,
   숨질 때 하는 말 이것일세.
   다만 내 비는 말, 내 구주 예수를,
   더욱 사랑 더욱 사랑. 아멘.

성인들의 가르침

초기 그리스도교의 스승으로, 기도의 실제에 대해 유용한 기록을 남긴 압바 제노(Abba Zeno)가 있다. 그는, 원수를 위해 기도함으로써 기도가 온전해진다고 가르친다.

"하나님이 나의 기도를 속히 들어주시길 원한다면, 다른 어떤 것들을 위해 기도하기에 앞서, 서서 두 손을 하나님을 향해 뻗고, 당신의 원수들을 위해 마음을 모아 기도하십시오. 이렇게 한다면, 하나님은 당신이 구하는 모든 것을 들으실 것입니다."

기도 | 아침

사랑의 근원이신 하나님,
온 피조물을 향한 주님의 사랑을
아무도 측량할 수 없습니다.
주님의 생각은 나의 생각과 다르며,
주님의 길은 내 길과 같지 않습니다.
하지만 두려움 없이
내가 주님 사랑의 광대함과 마주하는 것은,
그 사랑이 내게 용기를 주기 때문입니다.
주님의 사랑을 알고 그 사랑 안에 거함으로써,
나는 그 사랑만큼 커지게 됩니다.
특별히 (   )와 관련하여,

내 자신의 한계를 넘어서도록 이끄시는
주님의 사랑이 필요합니다.
오늘, 제 자신을 온전히 주님께 드립니다.
주님의 사랑을 경험할수록 내 마음은
주님을 향해 더욱 활짝 열릴 것입니다.
주님께서 사랑을 펼치실 도구로,
오늘의 내 삶을 선택하여 주십시오.
그 선택을 기쁘게 받아들이면서,
주님의 사랑이 나를 통해 구현되도록
힘쓰겠습니다.
예수님의 이름으로 기도합니다. 아멘.

네 번째 주 : 월요일

찬송
(기도서 찬송 6장)
아침, 저녁

곡조 〈85장 구주를 생각만 해도〉

1. 예수의 크신 은혜로, 사랑을 나누며,
   믿음의 기도 드릴 때, 주 뵙게 하소서.

2. 주 도움 받아 도우며, 십자가 져주고,
   친절한 손길 나누며, 위로케 하소서.

3. 주님을 향해 살도록, 자라게 하시고,
   자유를 얻을 때까지, 흠 없게 하소서.

4. 주님의 크신 사랑에, 우리 맘 이끌려,
   주님과 이웃 향하여, 나가게 하소서.

5. 우리의 영혼 합하여, 주님을 섬기며,
   사랑의 마음 가지고, 늘 살게 하소서.

6. 완전한 주의 사랑과, 흠 없는 주 자비,
   언제나 기도드리며, 늘 품게 하소서.

성인들의 가르침

14세기 후반부 이탈리아에서, 시에나의 캐더린(Catherine of Siena)이 전면에 등장했다. 그녀는 영적 지도자이면서, 교회와 국가의 문제에 있어 깊이 관련된 사람이었다. 그녀는 기도 위에 자신의 삶을 세웠으며, 기도를 생의 에너지로 삼았다. 나폴리에 있는 여자 수도 모임에 보낸 편지에 이런 특징이 나타나 있다.

"기도에서가 아닌 다른 어디에서 복종의 향기를 맡을 수 있을까요? 모욕을 당하거나 고통을 받는 것을 견딜 수 없도록 만드는 자기애(self-love)를, 우리는 어떻게 벗어던질 수 있을까요? 어디에서 우리는 사랑을 덧입어 참고 견디며, 그리스도께서 못 박히신 십자가 안에서 영광을 바라볼 수 있을까요? 오직 기도 안에서입니다."

기도 | 아침

화해하게 하시는 하나님,
'그들이 나의 원수'라는 생각이
사라지도록 하여 주소서.
그들은 나의 원수가 아니라,
다만 내가 그들과의 관계에
최선을 다하지 않고 있을 뿐임을
깨닫게 하여 주소서.

오늘 나는 (   )와의 관계를 생각해 봅니다.
"네 원수를 사랑하라"고 하신 예수님의 명령을
그와의 관계에 적용할 수 있길 원합니다.
누구에게나 좋은 이웃이어야 하지만,
그렇지 못한 이 모습을 용서하소서.
주님이 기뻐하시는 관계를
만들어 갈 수 있도록 인도하여 주소서.
내가 가족과 나누는 친밀함을
세상의 모든 사람과도 나누게 하소서.
'친구'와 '적'을 구분하는 세상 속에서
나는 살아갑니다.
그러나 그리스도의 말씀에 따라,
모든 이가 제 '형제'이며 '자매'임을 깨우치며
받아들이게 하소서.
예수님의 이름으로 기도합니다. 아멘.

네 번째 주 : 화요일

찬송
(기도서 찬송 7장)
아침, 저녁

1. 내 마음 주를 찬양해, 죄에서 자유해.
   주 흘리신 귀한 보혈, 내 맘에 느끼네.

2. 내 구주 크신 보좌 앞, 겸손히 순종해.
   주 예수 말씀하시며, 홀로 다스리네.

3. 겸손한 회개 정한 맘, 바르고 정결해.
   삶과 죽음 나눌 수 없는, 주 안에 있는 마음.

4. 모든 생각 새로운 맘, 주 사랑 가득해.
   완전하고 의로우니, 오 주님의 형상.

5. 주여 하늘로 내리사, 주 성품 주소서.
   주 참사랑의 새 이름, 내 맘에 쓰소서.

**찬송(436장)
아침, 저녁**

1. 나 이제 주님의 새 생명 얻은 몸,
   옛것은 지나고 새 사람이로다.
   그 생명 내 맘에 강같이 흐르고,
   그 사랑 내게서 해같이 빛난다.

2. 주 안에 감추인 새 생명 얻으니,
   이전에 좋던 것 이제는 값없다.
   하늘의 은혜와 평화를 맛보니,
   찬송과 기도로 주 함께 살리라.

3. 산천도 초목도 새 것이 되었고,
   죄인도 원수도 친구로 변한다.
   새 생명 얻은 자 영생을 누리니,
   주님을 모신 맘 새 하늘이로다.

4. 주 따라 가는 길 험하고 멀어도,
   찬송을 부르며 뒤따라가리라.
   나 주를 모시고 영원히 살리라.
   날마다 섬기며 주 함께 살리라.

   [후렴] 영생을 누리며 주 안에 살리라,
   　　　오늘도 내일도 주 함께 살리라.

성인들의 가르침

16세기 후반부에는 스페인에서 십자가의 성 요한(Saint John of the Cross)이 일어나, 친구들과 제자들을 영적 삶의 깊은 차원으로 안내했다. 요한은 『영혼의 어두운 밤』(The Dark Night of the Soul)이라는 책에서, 영적 여정의 처음부터 끝까지 기도가 어떻게 뿌리내리고 표현되는지를 밝혔다.

"영혼이 하나님의 사랑을 향해 결연히 마주하여 선다면, 하나님은 그 영혼을 보듬고 양육하십니다. 그분은 따뜻한 가슴으로 아이를 품고, 젖과 부드러운 음식을 먹이며, 자신의 팔로 끌어안아 데려가는 어머니와 같습니다.
그러므로 긴 시간 동안 기도하는 중에, 영혼은 기쁨을 발견합니다."

기도 | 아침

그리스도시여,
나와 남을 비교하는 일이야말로
죽음에 이르는 길임을 깨달았습니다.
내 자아는, 내가 다른 이들보다 낫다는
우월감을 부추깁니다.
근거 없고 거짓된 비교 의식에 젖어들 때마다,
교만에 사로잡히고 마는 나를
긍휼히 여기소서.

특별히 (   )와의 관계에서
이런 자만을 품게 된 것을 용서하여 주소서.
나를 남과 비교하는 대신,
주님과 비교할 때 생명에 이르게 됨을
깨닫게 하여 주소서.
주님 앞에서 나는 아무것도 아니며,
이 겸손의 마음이 생명의 옥토이기 때문입니다.
결코 나는 주님같이 될 수 없으나,
주님을 닮아갈 수 있다는 사실이
나의 큰 기쁨입니다.
나를 창조하신 주님이 겸손하셨던 것처럼,
사람들 사이에서 내가 최고인 양
교만해지지 않게 하소서.
다만 주님과의 사귐 속에서
주님을 닮아가는 기쁨을 누리게 하소서.
예수님의 이름으로 기도합니다. 아멘.

네 번째 주 : **수요일**

찬송(449장)
아침, 저녁

1. 예수 따라가며 복음 순종하면,
   우리 행할 길 환하겠네.
   주를 의지하며 순종하는 자를,
   주가 늘 함께하시리라.

2. 해를 당하거나 우리 고생할 때,
   주가 위로해 주시겠네.
   주를 의지하며 순종하는 자를,
   주가 안위해 주시리라.

3. 남의 짐을 지고 슬픔 위로하면,
   주가 상급을 주시겠네.
   주를 의지하며 순종하는 자를,
   항상 복 내려 주시리라.

4. 우리 받은 것을 주께 다 드리면,
   우리 기쁨이 넘치겠네.
   주를 의지하며 순종하는 자를,
   은혜 풍성케 하시리라.

5. 주를 힘입어서 말씀 잘 배우고,
   주를 모시고 살아가세.
   주를 의지하며 항상 순종하면,
   주가 사랑해 주시리라.

   [후렴]
   의지하고 순종하는 길은,
   예수 안에 즐겁고 복된 길이로다.

성인들의 가르침

요한은, 더 깊은 영적 삶과 더 풍성한 기도 생활이 하나님의 은총에 대한 단순한 응답 이상의 차원으로까지 나아간다는 점을 알았다. 때로, 영혼은 특별한 동력(動力) 없이도 하나님께 가까이 나갈 수 있다. 드문 차원의 기도이긴 하지만, 이는 영적 생활에서 심오한 경지를 보여 준다.

"초보자의 기도를 돕는 이미지와 형식과 묵상을 통해 하나님께 가까이 나가는 훈련을 하고 나서, 많은 영적 사람들은 큰 오류를 겪습니다. 이제 익숙해진 손쉬운 기도 방법들과 결별해야 하는 시점에서, 주저하고 떠나지 못하는 것이지요. 하나님은 영적 사람들을 더 깊은 은혜로 이끌어 가시고자 합니다. 그러기 위해서 그들은 지금 만족하는 기도의 차원에서 떠나야 합니다.

이러한 개인들에게 필요한 조언이 있다면, 하나님을 향한 사랑의 섬세함을 지니고 그 고요함 속에 거하는 법을 배우라는 것입니다."

기도 | 아침

주님, 자기를 부인하라는 말씀을 생각합니다.
나를 주님에게서 멀어지도록
부추기는 거짓 자아를
분별하고 부인할 수 있는 힘을 주소서.
그러나 부정해서는 안 되는 자아도 있음을
아는 지혜를 주소서.
주님이 만드시고 존재하게 하신,
둘도 없이 유일한 내가 여기 있습니다.
이 자아를 버리지 않고 귀히 여기는 것이
주님의 뜻인 줄 믿습니다.
오늘, (   )와 관련하여,
내 자신을 존중히 여기는 마음을 갖게 하소서.
나는, 내 것도 어느 누구의 것도 아닌,
주님의 것입니다.
그러나 누구에게 속하여 살 것인지를
결정할 몫은 나에게 주어져 있습니다.

주님이 저를 선택하셨지만,
악한 영도 주인이 되려고 나를 속박합니다.
오늘 그 속박을 끊기를 원합니다.
이것이 나의 바람이며 기도입니다.
은총을 내리셔서,
오늘 하루를 주님 안에서 살게 하소서.
예수님의 이름으로 기도합니다. 아멘.

네 번째 주 : **목요일**

찬송
(기도서 찬송 8장)
아침, 저녁

1. 주 사랑 나를 붙드네,
   내 영혼 쉴 수 있도록,
   내 삶을 모두 드리니,
   주님의 크고 깊은 사랑 가득 넘치네.

2. 주 빛이 나를 비추네,
   내 마음 밝아지도록,
   내 삶을 모두 맡기고,
   주님의 밝은 빛을 따르리라 끝까지.

3. 주 기쁨 나를 채우네,
   내 슬픔 물러가도록,
   내 삶을 기쁘게 살리,
   비 온 후 무지개를 약속하신 주님과.

4. 주 나와 함께하시네,
   십자가 따라 살도록,
   내 삶을 모두 드리고,
   영원히 주의 뒤를 따라가며 살리라.

**찬송(62장)
아침, 저녁**

1. 고요히 머리 숙여, 주님 생각합니다.
머리도 둘 곳 없이, 고생하신 예수님,
쉴 곳을 주시오니, 깊이 감사합니다.

2. 고요히 머리 숙여, 하루 생각합니다.
지은 죄 많사오나, 용서하여 주시고,
주님의 은총 속에, 편히 쉬게 하소서.

3. 고요히 머리 숙여, 이웃 생각합니다.
슬픔과 괴롬 중에, 시달리는 사람들,
하늘의 평강으로, 고이 감싸 주소서.

4. 고요히 머리 숙여, 나를 생각합니다.
곤한 몸 잠이 들어, 깨어나지 못할 때,
주님의 품 안에서, 안식하게 하소서. 아멘.

성인들의 가르침

18세기에 윌리엄 로(William Law)가 등장해 많은 사람에게 영향력 있는 영적 안내자가 되었다. 그의 책 『경건과 거룩한 삶으로의 초대』(A Serious Call to a Devout and Holy Life)는 현대의 그리스도인들에게도 읽혀지고 있다. 깊은 기도는 소수의 선택된 자들에게만 허용된 것이 아니라고 그는 역설한다. 그것은 다양한 생의 걸음을 걷는 보통 사람들을 위한 것이다.

"기도는, 어떤 형편과 정황을 막론하고, 사람들 모두에게 부과된 의무입니다. … 그리스도인들이라면, 생의 모든 단계나 사건 속에서 만족하고 감사해야 한다는 것을 규범으로 여겨야 합니다. 왜냐하면 이 모든 것은 하나님께로부터 온 것이기 때문입니다.

만약 우리 일상의 삶이 따를 수 없는 수준의 기도를 드리고 있다면, 우리의 기도는 참되고 충분한 헌신에서 멀어져 있는 것입니다. 그런 기도는 공허한 말잔치이거나, 심하게는 위선입니다."

기도 | 아침

하늘에 계신 아버지여,
온유한 마음 갖기를 원합니다.
그것은 주 예수께서 가지셨던 마음이며,

삶과 분리된 마음이 아니라,
중심에서 흘러나와 삶을 뒤덮는 온유함입니다.
예수님께서는 자신의 온 영과 혼과 몸을
아버지의 손에 맡기심으로
온유하심을 드러내셨습니다.
온유하셨기에 예수님께서는
아버지께서 기뻐하시는 일이 무엇인지 아셨고,
온유하셨기에 복종하셨습니다.
또한 아버지의 일을 행함 속에서
기쁨을 찾으셨습니다.
지난날 저를 인도하신 주님,
오늘도 주님의 인도하심에 저를 맡깁니다.
내가 온유해질수록 주님의 인도하심에
더욱 온전히 이끌리게 될 것입니다.
내가 바라는 것이 이것입니다.
특별히 (   )와 관련해서
주님의 인도하심을 구합니다.
예수님의 이름으로 기도합니다. 아멘.

네 번째 주 : 금요일

찬송
(기도서 찬송 9장)
아침, 저녁

1. 거룩하신 주의 사랑, 우리에게 임하셨네,
   하나님의 독생자가, 인간의 몸 입으시어,
   죽을 나를 살리셨네, 나의 주님 나의 사랑.

2. 그 옆구리 흘린 피로, 너와 나의 죄 대신해,
   십자가에 죽으시어, 구원 역사 이루셨네,
   주를 믿어 감사하세, 나의 주님 나의 사랑.

3. 세상 사는 사람들아, 그 아픔을 너 아는가,
   평화의 왕 생명의 주, 우리 위해 겪은 고난,
   영원토록 찬양하세, 나의 주님 나의 사랑.

**찬송(218장)
아침, 저녁**

1. 네 맘과 정성을 다하여서,
   주 너의 하나님을 사랑하라.
   네 몸을 아끼고 사랑하듯,
   형제와 이웃을 사랑하라.
   주께서 우리게 명하시니,
   그 명령 따라서 살아가리.

2. 널 미워 해치는 원수라도,
   언제나 너그럽게 사랑하라.
   널 핍박하는 자 위해서도,
   신실한 맘으로 복을 빌라.
   주께서 우리게 명하시니,
   그 명령 따라서 살아가리.

3. 나 항상 주님을 멀리하고,
   형제를 사랑하지 못하였다.
   이러한 죄인을 사랑하사,
   주께서 몸 버려 죽으셨다.
   속죄의 큰 사랑 받은 이 몸,
   내 생명 다 바쳐 충성하리. 아멘.

성인들의 가르침

1926년 에블린 언더힐(Evelyn Underhill)은 『내적 삶에 관하여』(Concerning the Inner Life)라는 책을 출간했다. 책 내용의 출처는 한 피정 모임에서 교구 사제들에게 행한 강론이었다. 그 강론 속에서, 성직자들에게뿐만 아니라 모든 그리스도인에게 있어서 기도가 가장 우선적인 행동이라고 그녀는 말했다.

"먼저, 하나님을 향한 바른 태도를 형성하고 유지하는 것이 우선입니다. 하나님의 초월적 실재를 감지하는 깊고도 놀라운 감각, 겸손히 갈망하는 관계가 마련되어야 다른 것들도 구축됩니다. 영적 삶을 진지하게 수용해가는 사람들 모두에게, 교육적 효과나 변화의 능력에 있어서 기도는 어떤 다른 수단들보다 강력합니다."

기도 | 아침

구원하시는 하나님,
예수께서 십자가를 기꺼이
받아들이셨다는 사실이
언제나 놀랍습니다.
십자가를 지신 예수여!
피하거나 거부하고 싶은 일들 가운데서도
기쁨을 발견하는 법을 가르쳐 주소서.

'즐겁고 빠르고 쉬운 길을 가는 것이
그리스도인의 삶'이라는 생각에 매여 있는 나를
불쌍히 여겨 주소서.
근래 (   )한 경우에 있어서
나는 더욱 그러합니다.
고통스럽고 더디며
때로 위험을 감수해야 하더라도
주님의 뜻이 이루어짐을 기뻐할 수 있도록,
저를 깨우쳐 주소서.
안락함을 추구하는 영성에서 저를 건져 내시고,
참여하는 영성으로 바꾸어 주소서.
호산나를 외치는 환호뿐만 아니라,
못 박는 망치 소리의 아픔도 받아들이는
성숙함에 이르기를 원합니다.
예수님의 이름으로 기도합니다. 아멘.

네 번째 주 : **토요일**

**찬송(8장)
아침, 저녁**

1. 거룩 거룩 거룩, 전능하신 주님,
   이른 아침 우리 주를 찬송합니다.
   거룩 거룩 거룩, 자비하신 주님,
   성삼위일체, 우리 주로다.

2. 거룩 거룩 거룩, 주의 보좌 앞에,
   모든 성도 면류관을 벗어드리네.
   천군 천사 모두, 주께 굴복하니,
   영원히 위에, 계신 주로다.

3. 거룩 거룩 거룩, 주의 빛난 영광,
   모든 죄인 눈 어두워 볼 수 없도다.
   거룩하신 이가, 주님밖에 없네.
   온전히 전능하신 주로다.

4. 거룩 거룩 거룩, 전능하신 주님,
   천지 만물 모두 주를 찬송합니다.
   거룩 거룩 거룩, 전능하신 주님,
   성삼위일체, 우리 주로다. 아멘.

| 성인들의 가르침 | 이제 일본 출신으로 잘 알려진 그리스도교의 성인인 토요히코 가가와(Toyohiko Kagawa)의 글을 마지막으로 읽으려 한다. 20세기 초기부터 1960년 죽음에 이르기까지, 가가와는 복음주의 사역과 사회 개혁에 힘썼다. 기도는 그의 삶 모든 것의 기반이 되었다. 기도는 우리에게 가장 중요한 일이라는 그의 말이 우리를 고무시킨다. 삶의 모든 일이 기도의 샘에서 솟아나와 흘러가야 한다는 뜻이다.

"기도는 단순히 간구가 아니라, 하나님과 더불어 얼굴과 얼굴을 맞대는 일입니다. 어려운 고전적 표현들을 사용할 필요는 없습니다. 내 육신의 아버지에게 하듯이 하나님께 말하는 것으로 충분합니다. 아이들이 말하는 것처럼, '고맙습니다, 하나님. 아멘.'이라고 말하는 것만으로도 얼마든지 좋은 기도가 됩니다."

| 기도 | 아침 | 영원하신 하나님,
언젠가 부름을 받아 주님 앞에 서게 될 때,
'감사하다'는 말이
내 입의 첫 마디가 될 것입니다.
그때엔 더 이상 불완전하게
주님을 보는 일은 없을 것입니다.

나는 경이로움 속에서
주님의 현존 앞에 설 것이며,
이전과는 전혀 다르게
주님의 선하심을 깨달을 것입니다.
지금 이 순간을 감사하는 삶을 살도록
나의 영혼을 이끌어 주소서.
하늘나라에서 바쳐질 최후의 감사를
미리 연습하듯이,
인생의 하루하루를 살아가길 원합니다.
그러므로 (   )하는 이 시간
모든 일을 멈추고 오늘의 감사를 바칩니다.
또한 내일은 내일의 감사로
내 인생의 그릇을 채워가게 하소서.
오늘처럼, 주님께 감사드릴 이유가
매일 매일의 삶 속에
언제나 넘칠 것임을 믿습니다.
예수님의 이름으로 기도합니다. 아멘.

기도서 찬송

1. 원합니다

Charles Wesley
Adapt. 김진두, 2010

GERALD : 8.6.8.6.D.
Louis Spohr(1784-1859)

1. 원 합 니 다 오 내 주여 나 경 외 하 오 니
   세 상 죄 끊 고 주 안에 늘 살 게 하 소 서
   강 하 고 담 대 한 믿음 충 만 히 주 시 고
   모 든 죄 악 의 본 성을 다 태 워 주 소 서

2. 사 랑 의 주 를 따르며 나 살 기 원 하 니
   진 실 하고 굳 센 믿음 나 에 게 주 소 서
   영 원 하신 구 세 주여 날 지 켜 주 시 고
   내 영 혼을 굳 센 팔로 붙 들 어 주 소 서

3. 진 리 와 사 랑 의 주님 전 능 한 하 나 님
   내 영 혼의 무 거 운짐 다 맡 아 주 소 서
   주 보 혈로 날 씻 으사 깨 끗 케 하 시 고
   내 마 음을 주 품 안에 숨 기 어 주 소 서 아 멘

I Want a Principle Within

And Can It Be That I Should Gain

3 나의 삶을 드리니

Frances R.Havergal
Adapt. 정명성, 2012

MESSIAH : 7.7.7.7.D.
Louis J.F.Herold
Arr. George Kingsley

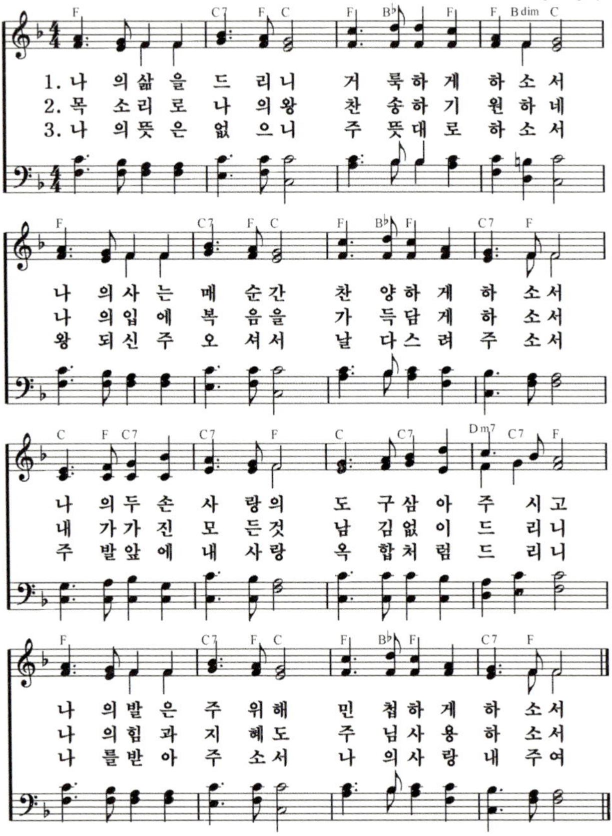

Take My Life, and Let It Be

4 고요한 쉼이 있는 곳

Cleland B.McAfee
Adapt. 이보쉼, 2012

McAFEE : 8.6.8.6.Ref.
Cleland B.McAfee

1. 고요한 쉼이 있는 곳 하나님 품이요
2. 따뜻한 위로 있는 곳 하나님 품이요
3. 완전한 자유 있는 곳 하나님 품이요

괴롭 힘 죄가 없는 곳 하나님 품이라
우리 주 뵐 수 있는 곳 하나님 품이라
기쁨과 평화 있는 곳 하나님 품이라

후렴

주 예수 보내 주신 하나님 사랑
그 품에 우리들을 안아 주소서

There is a Place of Quiet Rest

Come, Sinners, to the Gospel Feast

7 내 마음 주를 찬양해

Charles Wesley, 1742
Trans. 김진두, 2010

RICHMOND : 8.6.8.6.
Thomas Haweis, 1792

O For a Heart to Praise My God

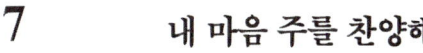

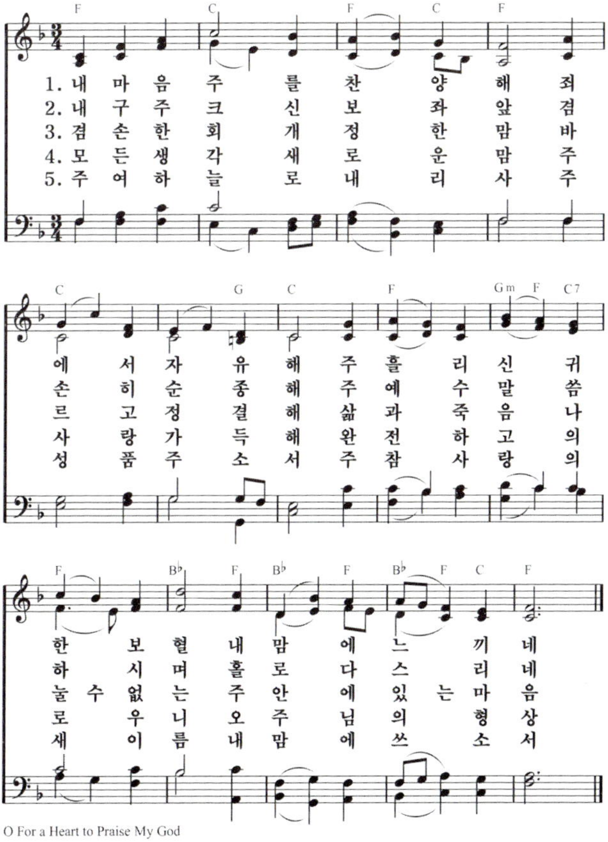

8. 주 사랑 나를 붙드네

O Love That Wilt Not Let Me Go

9 거룩하신 주의 사랑

Charles Wesley
Adapt. 안희신, 2012

SELENA : 8.8.8.8.8.8.
Isaac B.Woodbury(1819-1858)

1. 거룩하신 주의사랑 우리에게 임하셨네 하나님의 독생자가 인간의 몸 입으시어 죽을 나를 살리셨네 나의주님 나의 사랑
2. 그 옆구리 흘린피로 너와나의 죄대신해 십자가에 죽으시어 구원역사 이루셨네 주를 믿어 감사하세 나의주님 나의 사랑
3. 세상사는 사람들아 그 아픔을 너 아는가 평화의 왕 생명의 주 우리위해 겪은고난 영원토록 찬양하세 나의주님 나의 사랑

O Love Divine, What Hast Thou Done

A Pocket Guide To Prayer

By Steve Harper

Copyright ⓒ 2010 by Steve Harper
All rights reserved.

Translation rights ⓒ 2013 KMC Press, Seoul, Korea
This edition is published by arrangement with Upper Room Books.

이 책의 한국어판 저작권은 미국 Upper Room Books와의 계약으로
도서출판 KMC에 있습니다.
저작권법에 의해 대한민국 안에서 보호를 받는 저작물이므로
허락 없이 복사, 인용, 전재하는 것을 금합니다.

매일기도서

초판 1쇄 2013년 11월 9일
    3쇄 2019년 2월 20일

스티브 하퍼 지음

발행인 | 전명구
엮은곳 | 선교국 신앙과직제위원회
옮긴이 | 정명성
펴낸곳 | 도서출판kmc
      한만철
      (03186) 서울특별시 종로구 세종대로 149 감리회관 16층
      기독교대한감리회 도서출판kmc
      대표전화 02-399-2008 팩스 02-399-4365
      홈페이지 www.kmcmall.co.kr
등 록 | 제2-1607호(1993.9.4)
디자인 | 디자인통(02-2278-7764)

값 9,000원

ISBN 978-89-8430-622-6 03230

이 도서의 국립중앙도서관 출판시도서목록(CIP)은 서지정보유통지원시스템 홈페이지(http://seoji.nl.go.kr)와 국가자료공동목록시스템(http://www.nl.go.kr/kolisnet)에서 이용하실 수 있습니다.(CIP제어번호: CIP2013022294)